JN270496

［美味しんぼ］をもっと美味しくする特別講義

美味《おい》しんぼ塾

雁屋哲

小学館

目次

開講まえに……7

【第一章】究極のラーメン作り

第一講　ラーメンその一……10

第二講　ラーメンその二……16

［ラーメン］全メニューリスト……26

【第二章】幻の味

第三講　秋の味覚……28

［秋の味覚］全メニューリスト……39

第四講　鶏肉……40

［鳥料理］全メニューリスト……52

第五講　豆腐その一……54

【第三章】　よくぞ日本人に生まれけり
第六講　洋食……64
［日本の洋食］全メニューリスト……74
第七講　米《こめ》について……76
［米《こめ》料理］全メニューリスト……86
第八講　どんぶりって……88
［どんぶり］全メニューリスト……100

【第四章】　食べものについての疑問
第九講　豆腐その二……102
［豆腐料理］全メニューリスト……114
第十講　刺身について……116
［刺身料理］全メニューリスト……128

【第五章】　肉とニンニクと脂さえあれば…

第十一講　焼き肉……132
［牛肉料理］全メニューリスト……142
第十二講　野菜……144
［野菜料理］全メニューリスト……156
第十三講　キムチの心……158
［韓国料理］全メニューリスト……170
【第六章】我が家の特別メニュー
第十四講　鍋料理……172
［鍋料理］全メニューリスト……184
第十五講　餃子……186
［餃子&点心］全メニューリスト……197
第十六講　おせち……198
［正月料理］全メニューリスト……209
あとがき……211
『美味しんぼ』をもっと知りたい人のための単行本ガイド……217

〔カバー・本文　画〕花咲アキラ

〔装丁〕小林美樹代
〔本文デザイン〕益子典子＋ベイブリッジ・スタジオ
〔編集協力〕柳沢智夫
〔カバー写真〕高原　淳
澤井秀夫

開講まえに

『美味《おい》しんぼ塾』の開講である。

塾と言うからには何か勉強などしなければならないと思ったら大間違い、本塾の方針として勉強など一切しないからがっかりしないように。読者諸君も覚えがあるだろう、中学や高校の時に友達の家に遊びに行くのに、親には、一緒に勉強しに行くから、と言い訳したことを。それと同じである。

あれが旨《うま》かった、これが旨かった、こうすればもっと美味《おい》しくなるだろう、などと言う話を大の大人がこれからうだうだとしようと言うのである。私だって少しくらい格好をつけたい。そんなわけで、塾なのである。そこのところをご承知おき願いたい。

ただ、塾長は根が真面目なので、ついうっかり、世のため人のため、はたまた親孝行になるようなことを書いたりすることがあるかもしれないが、ま、そんな時はご愛《あい》敬《きょう》だと思って大目に見ていただきたい。

第一章

究極のラーメン作り

第一講◆ラーメンその二

さて、開講一番、まずはラーメンである。

私は常々、どうして日本人はこんなにラーメンが好きなのか不思議に思っている。本屋に行けばラーメンのことを書いた本や雑誌が何冊も並んでいるし、テレビではしょっちゅうラーメンを特集した番組を流している。そしてそれが視聴率が良いと言う。茶道ならぬラーメン道の宗匠なども存在するらしい。一つの食べものにこれだけ入れ込む国民は世界中で日本人だけだろう。

国民食と言うか、民族に固有の病気と言うか、ラーメンを偏愛する人間が日本には想像を絶するほど多いのだ。呆《あき》れるのは、外国に行ってまでラーメンを食べたがることだ。パリでも、ロスアンゼルスでも、ニューヨークでも、シドニーでも、日本人相手のラーメン屋が何軒も繁盛している。折角パリに行ったなら、小粋《こいき》で安くて美味しいビストロがいくらでもあるのだから、そう言うところに行って日本では味わえない地元の味を楽しんだ方がよかろうと思うのだが、日本人は群をなしてラーメン屋に押し掛ける。それも、五年も十年もパリに住んでいて、たまにはラーメンなど食べてみようかというのならまだしも、三泊五日フランス周遊の旅などと言うツアーに乗って、パリにはたった一泊するだけの観光客までやってくる。全く、勿体《もったい》ない。我慢がなさすぎはしないか。

それに引き替え、この私は、シドニーに引っ越してきて今年で丸十二年になるが、一度もシドニーのラーメン屋に行ったことはない。

もっとも、ラーメン屋から麺《めん》だけを貰《もら》ったことはある。なかなか気合いの入ったラーメン屋がシドニーにあって、そこの主人は麺を自分のところで打ち、それを一週間寝かせるのである。その主人によれば、麺は寝かせて熟成させなければ本当の味は出ないと言う。で、私は友人に頼んでその麺を貰ってきて、自分の家で自分の好みのつゆでラーメンを作った。いや、旨かった。

はて。となると、私もラーメン病患者か。

私がラーメンを食べたのは、中学生のとき、高校生だった姉に渋谷の駅近くで食べさせて貰ったのが最初である。値段は今でも憶《おぼ》えているが、なんと三十円だった。田園調布から渋谷まで東急東横線の運賃が二十円、かき氷一杯五円、と言う、今から四十年以上も前の時代の話である。ラーメンの中身はいわゆる東京風で、醤油《しょうゆ》味のあっさりしたつゆに、中細の縮れ麺、メンマ、焼き海苔《のり》、鳴門《なると》、そして紙のように薄い焼豚と言う構成だった。それまで私は、麺類と言えば、祖母の作る手打ちうどんか、日本そばしか食べたことがなかったから、そのラーメンの味は新鮮だった。今でも憶えているくらいだから、よほど強烈だったのだろう。

とは言え、それでラーメンが好きになったわけではない。逆に、どちらかと言うと敬遠する食べものの一つになった。それは、麺に使われていたカン水のせいである。むわっと立ち上る重曹《じゅうそう》臭い匂い、つゆに溶け込む苦い味。それが厭《いや》だった。今でも私はカン水の強い麺は苦手である。

それに、若いときはラーメンなどと言う軟弱な食べものは、おやつや夜食に腹ふさぎとして遊び半分にならよいが、たとえ軽く取ることにしている昼の食事でも、本気の一回の食事として食べたら栄養失調で死んでしまうと思っていた。肉、ニンニク、油っこいもの、これが揃《そろ》っていないと食事として満足できなかったのである。私が昼食にでもラーメンを食べるようになったのは三十歳を大分過ぎてからである。

今は、私も人並みにラーメンが好きである。ただし、本当に美味しいラーメンに限る。

だが、これがなかなか難しい。色々案内の本を買ったり、ラーメンの達人の推薦する店に行ったりするのだが、落胆することの方が圧倒的に多いのはどう言うわけだろう。札幌では土地の人に勧められてわざわざラーメン横丁から遠く離れた店に

山岡自家製ラーメン
●第69巻／第5話「カツオのへそ!?」より

山岡士郎特製ラーメン。鶏ガラ、鰹節、昆布で取った特製だしのスープ。麺は打ってから5日寝かせた特製麺。そして自家製の黒豚のチャーシューが2枚に、メンマ、ネギがのる。

ラーメンライスの美味しい食べ方
●第29巻／第1話「フランス料理とラーメンライス」より

ラーメンライス食法その一「汁麺飯汁」＝スープ、麺、ライス、そしてまたスープ——と食べていく。これぞラーメンライスの醍醐味。

その二「汁海苔飯麺汁」＝海苔と麺と飯の三者混合の味の豊かさを味わう。

その三「メンマ飯麺汁」＝メンマをおかずに飯を食べ、スープとともに呑込む。

食法極意「乱汁乱麺乱飯乱汁——」＝とにかく食うべし。

行ったのだが、これが大失敗だった。店に入って驚いたのは壁一面にその店に来た大勢の有名人・芸能人の写真入りの色紙が貼ってあったことだ。もっと驚いたのは、出てきたラーメンのひどさだ。つゆも麺も美味しいとかまずいとか言う以前の代物である。私はなんとか二口くらいはすすったが、それが限界で、後はそのまま残して店を出た。普通、客がそれほどひどい残し方をしたら店の人間は気にしてその理由などを尋ねたりするものだが、その店は何の反応も示さない。私も何も言いたくなかったからそのまま無言で代金だけ払って外に出た。色紙を残してきた有名人・芸能人は一体何を食べたのだろうと考え込んでしまった。それ以来、札幌では恐ろしくてラーメンを食べられないのである。

情けない目に遭ったのは札幌でだけではない。一度あの有名な博多の屋台のラーメンの味を味わいたいと思って出かけたら、これがひどい期待外れ。挽回《ばんかい》しようと久留米《くるめ》までタクシーを飛ばし、久留米一の豚骨ラーメンと言うのを食べに行ったのだが、まあ、そのつゆの臭いこと。豚一頭分の骨を、骨の固い部分まですっかり融けてしまうまで煮込んでだしを取るのだと言うことだったが、ニカワの腐ったような匂いがするのである。とても喉《のど》を通らない。すると、その店に連れて行ってくれた人が、卓の上の容器に山盛りになっている紅生姜《べにしょうが》を入れるのだと教えてくれた。確かに、紅生姜を入れれば臭みがある程度ごまかせるが、そもそもラーメンと言うものは匂いを何かでごまかして食べるものだろうか。それ以来、博多の屋台のラーメンとか、豚骨ラーメンとか聞くと身構えてしまうのである。

と、こんな話をテレビ局の人間と話していたら、それじゃ、番組で究極のラーメンを作ってみてくれませんかと言う。バブル経済がはじける前のことで、日本中にお金がだぶついていたからテレビ局も太っ腹で、お金はいくらかかっても構いませんとも言う。

そう言われると、後には引けないのが私の悪いところだ。よろしい、作りましょうと引き受けて、きっちりと美味しいラーメンを作ったが、一杯のラーメンを作るのにかかった費用を計算したら、三十五万円かかった。

三十五万円かかったラーメンとはどんなものだったのか、それは次講でお話ししよう。

第二講◆ラーメンその二

究極のラーメンを作るに当たって私がまず取り組んだのは、麺作りだった。私は、前講でも申し上げたとおり、カン水の入った麺が苦手である。あの匂いと味がたまらなく嫌いだ。当然、私が作るラーメンの麺はカン水を排除したものでなければならない。良い小麦粉を十分に練ればカン水を使わなくても腰のあるしゃっきりした麺が出来上がる。

その麺を誰に打たせるかだが、私は、当時香港から横浜に出稼ぎにきていた麺打ち職人を捕まえた。その男は竹竿《たけざお》を使って麺を打つ。

麺打ちの台の向こう側に太い竹竿の一端を縄で縛って固定して、その竹竿をこちら側に倒す。台のこちら側に突き出た竹竿はその上にまたがることができるだけの長さがある。麺の生地を台の上に置き、その上に乗せた竹竿に職人がまたがり、ぴょんぴょんとはねる。すると、麺の生地はてこの原理で、単純に麺生地の上に乗って体重をかけて踏むより遙《はる》かに強い力で竹竿によってこね回されることになる。腰のある麺を打つのにはこの方法が最良のものだと私は確信している。

麺の材料は、国産の小麦粉に、卵を使った。卵は、麺の味を出すのに案配が良い。

さて、この国産の小麦粉というものがなかなか良いものが手に入らない。気に入った小麦粉を手に入れるためにあちこち製粉所を回らなければならなかった。

次に卵だが、あちこち探し回った挙げ句、愛知県知多半島に頑固親父の経営する農園を見つけた。広い敷地に鶏を放し飼いにし、与える餌《えさ》は自家製の無農薬栽培の穀物と野菜、雌だけでなく雄も一緒に飼っているから卵は有精卵になる。卵を割ってみると、白身が二重に盛り上がり、その上にさらに色鮮やかな黄身がぷっくりとせり上がると言う見事な三段構造。味は濃厚だが雑味がなくすっきりと豊か。有り難いのはその香りだ。そこらで売っている卵のように生臭かったり、脂臭かったりすることなく、卵本来のほっこりとしたかぐわしい香りがする。

いよいよスープだが、私は中華料理の最高のスープである上湯《しゃんたん》に日本の味わいを足すことにした。

上湯とは何かと言えば、火腿《ほえたい》と言う中国風生ハムと鶏から作るスープである。火腿は、豚の腿《もも》を丸ごとそのままの形で、塩・香料で処理したあとじっくり二、三年かけて熟成させる。その間にカビが生えて、そのカビが豚の肉を熟成させて素晴らしい味と香りを作り上げる。切ってみると肉の色が鮮やかな炎の色なので火腿と言うのである。イタリアのプロシュート、スペインのハモン・セラノも同じ豚の腿肉の生ハムで、共に非常に高価なものである。火腿もその旨さと高価なことでは一歩も引けを取らない。上海《シャンハイ》近辺の生産者の庭先で一本の値段が中国の労働者の年収以上する。それを香港経由で日本に持ち込むと途方もない値段になる。私は、その火腿を丸ごと一本どかんと鍋に入れた。

鶏がまた難しい。

普通皆さんが召し上がる鶏は若鶏である。食べる分にはその方が柔らかくてさっぱりしていていいのかもしれないが、濃厚な味のだしを取るのには物足りない。少なくとも二年から三年、健康に育って良く熟成した鶏でなければ、良いだしは出ない。

となると、知多半島の頑固親父のところの鶏しかない。押し掛けていって、いやがるのを無理矢理二羽強奪してきた。それも、三歳のまるまる太った逞《たくま》しい奴をである。

その鶏を絞めてから、羽をむしり、内臓をきれいにし、そのまま頭から丸ごと機械にかけてミンチにして、鍋に入れた。ミンチにするとスープが濁ると言う人がいるが、それは嘘である。きれいに澄んだ素晴らしいスープが取れた。骨も肉も完全にミンチにしたから、鶏の持つ味の全てが抽出できたのである。

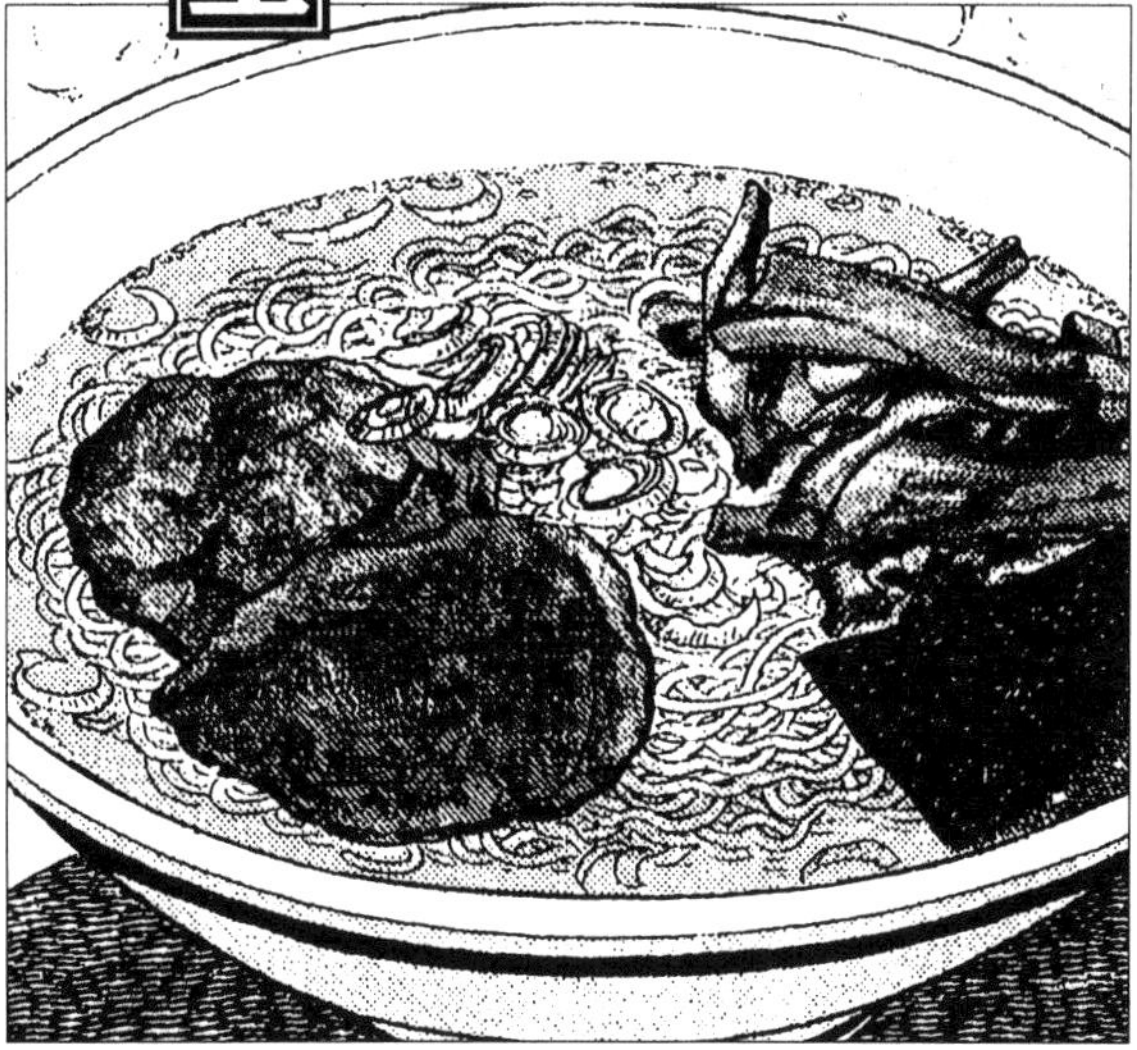

「流星組」の屋台ラーメン
●第38巻／第1話「ラーメン戦争」より

屋台で乗り込み、次々と他店を吸収合併していくラーメン店チェーン「流星組」のラーメン。複雑で豊かな味。スープの秘密は、タイの魚醤ナムプラー。

「金銀軒」のラーメン
●第38巻／第1話「ラーメン戦争」より

「流星組」により乗っ取られそうになっている「金銀軒」のラーメン。チャーシュー2枚、メンマ、鳴門、ほうれん草がのる。昔ながらの味。

中国ハム「火腿《ほえたい》」
●第38巻／第1話「ラーメン戦争」より

だしを取るものとしては最高級の素材。贅沢な中国料理にしか使われない。

「ジャニス軒」のラーメン
●第38巻／第1話「ラーメン戦争」より

自動車メーカーの御曹司が営む「ジャニス軒」のラーメン。日本ラーメン総合研究所所長の意見では、「まだ素人の域を出ず」。

火腿と鶏のだしで上湯は出来上がりだが、それに日本風の味を加えるために、昆《こん》布《ぶ》と鰹節《かつおぶし》が必要になる。だしを取る昆布は、通常利尻《りしり》ものが良いとされているが、私は、真昆布が好きなので、真昆布の中の王様、北海道尾札部《おさつべ》の昆布を使うことにした。尾札部の漁協に頼んで、昔なら大名しか食べられなかったという最上の昆布を手に入れた。

鰹節は、枕崎《まくらざき》の本節に限る。良く切れる鰹節削りで削ると、天使の羽のように薄いそのひとひらひとひらが鮮やかな桃色に透き通って見えると言う上物を使った。

醤油については悩んだ。中華料理には中国の醤油が一番だが、ラーメンには必ずしも向いているとは言い難い。中国の醤油は日本で言えばたまり醤油に近いもったりした感じでそれはそれで悪くはないのだが、ここはひとつきりりと味を締めたいと思って日本の醤油を使うことにした。と言っても、大メーカーの醤油は駄目である。わざわざ「丸大豆使用」と表記してあるもの以外は、大豆から油を絞り取ったあとの油かすであるところの脱脂大豆を使って作ってある。その脱脂大豆も、圧搾式で脂を絞り取るのではなく、薬品を通して脂を抜くので、大豆のなれの果てというより泥の固まりみたいな無惨な姿で、大豆の味も香りもない。そんなもので作る醤油が美味しいわけがない。

私が使ったのは、和歌山県御坊《ごぼう》市の醤油だ。勿論《もちろん》丸の大豆を使い、昔どおり巨大

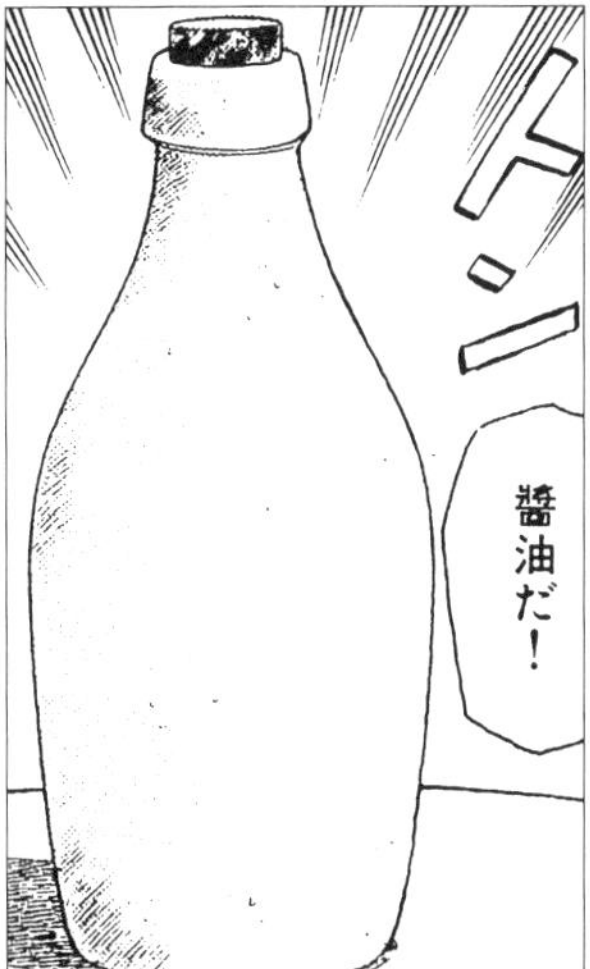

新「金銀軒」ラーメン
●第38巻/第1話「ラーメン戦争」より

「流星組」に対抗して完成した「金銀軒」の新ラーメン。卵入りでやや細めの無カン水麺。スープは鶏、豚骨、豚頭、牛骨、野菜のだしで醤油味。牛頭と牛スジのゼラチン質に豚の背脂を加える。具は煮豚、メンマ、ほうれん草。

長期熟成天然醸造醤油
●第38巻/第1話「ラーメン戦争」より

丸大豆を用い二夏かけて熟成させた天然醸造醤油を、さらに一夏余分に寝かせたもの。日本人が好むグルタミン酸の量が多く、濃厚で自然な味になる。

な木の桶《おけ》で醸造して二夏過ごさせて熟成させたもので、大メーカーの短期促成醸造の醤油とは味も香りも別物である。

さて、ラーメンには焼豚をのせたい。

となると、豚肉だが、これがまた厄介である。最近の養豚場は工場そのものである。床は金属の簀子《すのこ》になっていて、豚の排泄《はいせつ》物は簀子から抜けて、その下のコンクリートの床に流れ落ちるようになっている。コンクリートの床は定期的に水が流れて洗浄するようになっているので、旧式の養豚場のように豚の排泄物を掃除する手間が省ける。清潔で具合が良いように思えるが、豚は、生まれてから市場に出されるその日まで、金属の簀子の上で暮らすのである。豚は大きな体育館のような建物の中で生まれて、日の目を見ることもなく、土を踏むこともない。こうなると、豚は生き物と言うより、トウモロコシや、大豆かすなどの植物蛋白《たんぱく》を、動物蛋白に変える装置としか思えない。

現在市販されている大部分の豚肉はそのような工場製の豚肉である。形だけは豚肉だが、豚肉本来の濃厚な味わいはなく、水っぽい。何よりも、脂身が美味しくない。べたべた油っぽいだけで、甘みも香りもない。脂身がとろりと甘くなくては豚肉ではない。

肉の味も深く、脂身も良い香りで甘い、そう言う理想的な豚肉を求めて私は九州

山岡特製冷やし中華
●第8巻／第5話
「スープと麺」より

健康な鶏丸ごとのスープ、中国浙江省特産の赤酢、無農薬栽培の小麦で作った麺を使用。無農薬のキュウリ、有機飼育鶏の卵がのる。

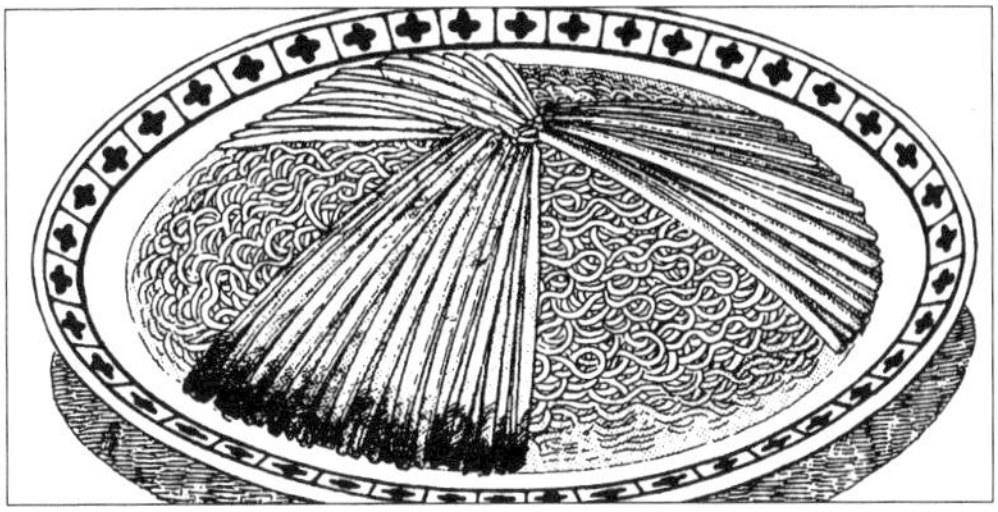

キムチラーメン
●第65巻／第1話「オーストラリアの危機」より

日本の国民食・ラーメンにキムチをのせたもの。韓国と中国と日本の文化が合体、多文化主義が生み出した宝物。

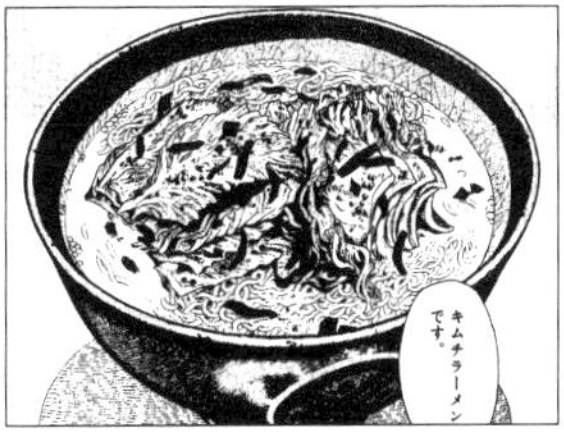

美味しんぼ風
味噌ラーメン
●第19巻／第1話
「対決! 村おこし」より

鰹だしのスープに、ニンニク、ニラ、椎茸、タマネギのみじん切りと豚のひき肉をごま油で炒め、八丁味噌で味付けした肉味噌がのる。

じゃこ天ラーメン
●第76巻／第3話
「中華と中国」より

さつまの黒豚を使った焼豚と、四国名物・じゃこ天がのる特製ラーメン。スープは豚骨と飛魚の焼き干しのだしに、少量の焼き味噌と醤油で味付け。

種子島《たねがしま》に飛んだ。そこに、黒豚を飼っている人がいる。豚は一頭一頭清潔な豚舎に入れられ、豚舎の後ろは豚が自由に遊べる運動場になっている。勿論、自然な土のままである。豚は、体中に泥をなすりつけたり、鼻で地面をほじくり返したりして機嫌よく遊んでいる。養豚場の脇は畑になっていて、豚に食べさせるための麦とサツマイモを栽培している。このサツマイモをたっぷり食べて健康に育った黒豚の肉こそ理想の豚肉なのである。

その種子島の黒豚の最上のロース肉を担いできて、炭火の炉で焼豚を作った。よく、ラーメンに煮豚を使う人がいるが、煮てしまっては豚肉の味が抜けてしまうし、香りも立たない。ラーメンにのせるのは焼豚でなければならぬ。

さて、これで準備が整った。

ねらいどおり、細目でしゃっきりした歯ごたえで味のある麺が打ち上がり、旨味の成分の全てを含んだ、濃厚だがすっきりした後味のスープも出来上がった。

どんぶりにスープを張り、麺を入れ、焼豚をのせた。

ああ、その味ときたら……。

ああ、その香りときたら……。

以下、沈黙。

と言うわけで、材料費、飛行機代、人件費を合わせると三十五万円かかった。これで百杯でも作れば一杯三千五百円になるが、一杯しか作らなかったので、ラーメン一杯が三十五万円と言う計算になったのである。

これが、私の究極のラーメン作りの顛末《てんまつ》である。

ラーメン❖全リスト ［79巻まで］

『美味しんぼ』に登場したラーメンが大集合！情熱たっぷりのうまさを味わってください！

◆兄・紅竜作「元祖手のべ麺」
◆弟・白竜作「元祖手のべ麺」
◆兄弟二人で作る「元祖手のべ麺」
第2巻　第8話「中華そばの命」
◆無農薬栽培国産小麦の麺、おマチ婆っちゃんの鶏丸ごとのスープ、黒豚の肩ロースの焼豚などを使った、山岡特製冷やし中華
◆海原雄山特製冷やし中華
第8巻　第5話「スープと麺」
◆美味しんぼ風味噌ラーメン
◆ヒメマス焼き干しラーメン
第19巻　第1話「対決！村おこし」
◆宇宙一のタンメン
第20巻　第6話「カキの料理法」
◆沖縄のソーキ・ソバ
第28巻　第2話「長寿料理対決!!」
◆ラーメンライスの美味しい食べ方
第29巻　第1話「フランス料理とラーメンライス」
◆「ジャニス軒」のラーメン
◆「流星組」の屋台ラーメン
◆「金銀軒」のラーメン
◆西洋人向け試作ラーメン
◆東京風ラーメン
◆挽き肉ラーメン
◆煮豚味噌ラーメン
◆牛肉醤油ラーメン
◆鶏丸ごとスープの塩ラーメン
◆無カン水麺の新「金銀軒」ラーメン
◆長期熟成天然醸造醤油ラーメン
第38巻　第1話「ラーメン戦争」
◆飲んだ後のラーメン
第60巻　第2話「居酒屋、新メニュー!?」
◆キムチラーメン
第65巻　第1話「オーストラリアの危機」
◆山岡自家製ラーメン
第69巻　第5話「カツオのへそ!?」
◆幽霊屋台のラーメン
◆量も価格も半分ラーメン
第70巻　第3話「謎の幽霊屋台!?」
◆豚骨と飛魚の焼き干しスープのじゃこ天ラーメン
第76巻　第3話「中華と中国」

美味しんぼ塾

【第一章】究極のラーメン作り

【全リストについて】

このページは、単行本『美味しんぼ』79巻までの作中に登場した料理メニューを各講のテーマ別に紹介しています。

第二章

幻の味

第三講◆秋の味覚

世間では、食欲の秋という。

本当だろうか。

実は、私が一番食欲が出るのは夏、それも真夏なのである。太陽が天空高く燃えさかり、うっかり呼吸をするといやったらしい熱気と湿気に満ちた空気が鼻から胸まで充満して呼吸困難になり、体中汗まみれになって、よくこれで生きていられるものだと気が狂いそうになる。すると、猛然と食欲が湧《わ》いてくるのである。

それも、あっさりしたものなんか見るのも厭で、肉と油とニンニクでぎたぎたしたものを、大量にどぉーっと胃の腑《ふ》の中に叩き込んでやらなければ気が済まないのである。当然、それには、大量のビール、酒、ウィスキー、焼酎《しょうちゅう》が付き合ってくれなくては困る。

冷や麦とか、そうめんとか、そのような哀れっぽいものをうすらうすらすすっている人間を見ると、見ているこちらの方が力が抜けて死んでしまいそうな気持ちになる。

昔の川柳に「飯食って、大汗かくも、下卑たこと」と言うのがあるが、結構です。私は下卑てるんだ。大飯食って、大汗かいて、ざばーっとシャワーを浴びて、ぷはーっ、これが日本の夏だーっ！　と叫んでひっくり返って寝てしまう。これは気持ちがいいな。

そんなわけで、私は夏負けとか、夏痩せなんかしたこと御座いません。毎年、夏が終わるとぱんぱんに太ってしまって始末に困る。

昨年も、うっかり取材で大阪で旨いものを食べて回ったばかりに、帰ってきたら以前はけたはずのズボンがはけなくなっている。これは、本当に困る。

で、秋になると食欲がなくなるかというと、確かに、真夏のあの燃えるような食欲は感じない。ではあるけれど、秋には色々美味しいものが出てくるので、やはり、人並みに食べてしまう。真夏に、秋のあの美味しい食べものがあったら、私なんか地獄に直行だっただろうな。食欲の秋というのは、どんなに食の細い人でも、うっかり食欲が出てしまうほど美味しいものが出回る季節であると言うことなんだろうと私は思う。

であるなら、旨いものの秋と言って貰いたいものだ。

大体、私は秋という季節が嫌いだ。

夏のあの高揚が消え果てたあとに、いきなり陰鬱《いんうつ》な冬が来るならまだいい。その前に、木の葉が徐々にしおたれていき、しまいに枯れて風で舞ったり、地面に落ちた銀杏の実が鼻がもげるような臭気を放ったりして、（白状すると、実は、私はあの匂い好きなんだけど）、ほらもうすぐ冬が来るぞ、冬が来るぞと、秋という季節は人を脅迫する。その了見が憎たらしいではないか。秋は、詩的で甘美でしみじみと感情が深まっていい、などと言う人間は少なくないが、そのような人間は、精神が不健康か、あるいは過度に健康かのどちらかであって、直ちに心を入れ替えて、私のようにちょうどよい精神の健康を取り戻していただきたいものである。

こんなに大嫌いな秋を私が何とか生き延びることができるのは、美味しい食べものがあるからだ。どんな美味しいものがあるだろうと指折り数え始めると、両手両足の指だけでは足りなくなり、同じ指を何度も折ったり曲げたりしているうちに、指を捻挫《ねんざ》し指の関節が外れる羽目になる。

で、秋の食べものの中で私が何を取るかと言えば、サンマだ。

と言っても、最近のサンマしか知らない人たちには私の思いは通じまい。昔のサンマは、「ぶっとい」と言うしか言い様のないほど、太くて、大きかった。一匹焼いただけで家中火事になったかと思うほどの煙が出る。それも道理で、炭火でぱりぱりに香ばしく焼いた皮をめくるとその下に厚さが1ミリ以上はある脂がび

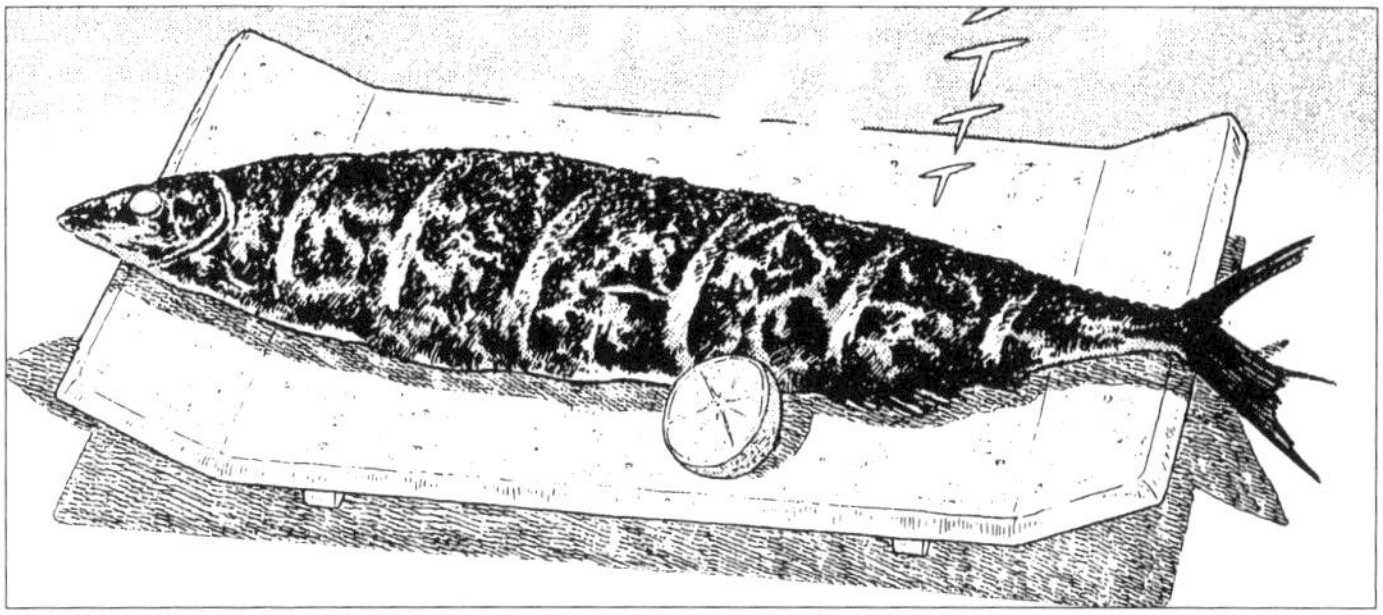

昔ながらのサンマ
●第14巻／第7話「秋刀魚の味」より

千葉県・銚子港の近海で捕まえ、冷凍せずに運んできたサンマ。七輪で焼いてスダチをしぼって食べる。皮の下には一ミリ以上の厚さの脂肪がぴっちり。身は青いまでに真っ白。内臓も崩れていず、きれい。

っしりとサンマの全身を覆《おお》っているではないか。

その脂身に感動しながら、中骨に沿って箸《はし》を入れて、身を割る。その身の色の白さ。更に箸を動かして、骨から身をはがす。そこに現れる骨は艶々《つやつや》と光って、所々青白い燐光《りんこう》さえ放つ。こんがりと焼けた皮、その下の脂肪、真っ白な身、艶々と輝く骨。ああ、その美しいこと。

美しさは荒々しい食慾を掻《か》き立てる。箸を動かすのももどかしく、むしったサンマの身を口の中に放り込む。まず、焦げた皮の香ばしさが鼻に抜ける。次いで、皮の下の脂がさらりと融けて口中に広がる。この脂の甘いこと、爽《さわ》やかなこと。その味は頬の筋肉をゆるめる神経に強力に働きかけるのである。そして、身だ。そこまで脂の乗ったサンマの身はしっとりときめ細かく、しかも、心地よい弾力がある。がっきと噛《か》むと、旨味成分の充満した汁が口の中にほとばしる。これは、たまらぬ。で、無我夢中《むがむちゅう》で飯を口の中に放り込む。一口二口、勿論ろくに噛まずに呑み込んでしまう。あとは、一気呵成《いっきかせい》だ。

気がつくと、皿の上には頭と骨としっぽがひらりと残っている。口の周りは脂だらけだ。どうも、流石《さすが》に我ながら下品だったかなと反省しながら、直ちに二匹目に攻めかかる。そのあとは、先ほどと同じことの繰り返し。

てな具合にサンマが死ぬほど美味しかったのは昔のこと。この二十年ほど、少な

マツタケ炭火焼(上)
マツタケ土瓶蒸し(右)
マツタケの甘鯛巻き椀(下)
●第20巻/第3話「マツタケ・ドリーム」より

広島県・三次のマツタケを使った料理三種。

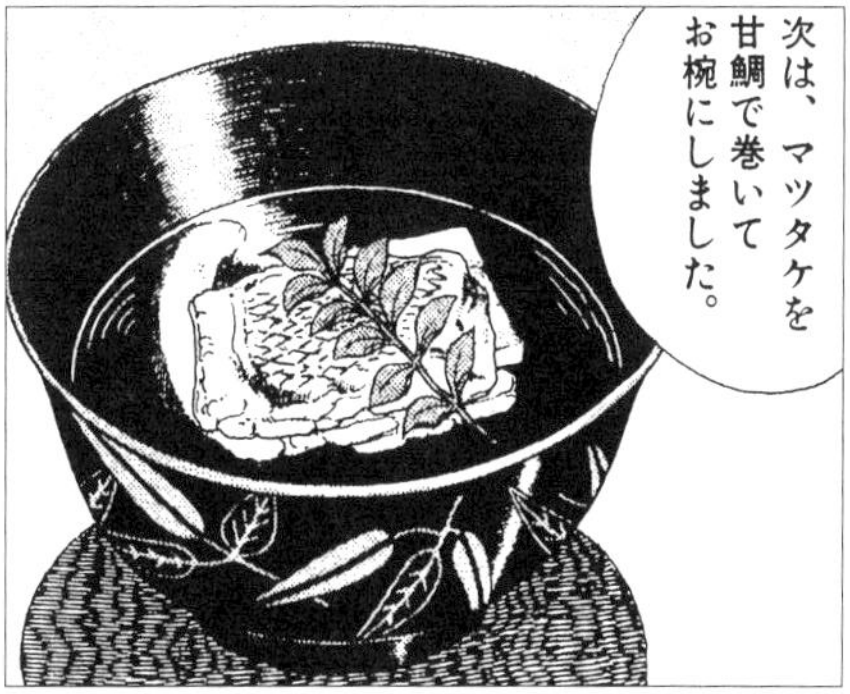
次は、マツタケを甘鯛で巻いてお椀にしました。

くとも東京近辺で、私はそんなサンマを食べたことがない。私だけではない。読者諸姉諸兄の中で、今、私が書いたようなサンマの味を体験したことがあるのは、よほどの幸運な例外を除けば、五十歳を越えた方たちだけのはずだ。

読者を失うことになるからこんなことを書くのはやめたいのだが、あえて書いてしまう。大変に申し訳ないが、三十歳代以下の読者諸君には経験したことのない味だろう。君たちは生まれてくるのが遅かったのだ。（私をうらんじゃいけないよ）

今、サンマは必ずしも秋の味覚ではない。一年中、食べることができる。食料品店に行けば生のまま冷凍になっていたり、開いて乾物になったものがやはり冷凍になって店頭に並んでいる。問題はそのサンマだ。

細くて、小さくて痩せていて、薄っぺたくて、脂なんか全然乗っていない。身の色ときたら、真っ白なんてもんじゃない、へんてこりんな茶色っぽい色で、まるで干からびたブロイラーの肉のようにぱさぱさで、いくら嚙み締めても美味しい肉汁など出てこない。おまけに、酸敗した魚脂の臭気が強烈で、これを食べたら確実に体に悪影響があるに違いないと確信せざるを得ない。そんなものばかりである。

私は、冷凍保存を悪いことだとは思わない。それどころか、食品の保存という点では人類に対して大変な恩恵を与えているし、九州の人間が北海道のものを食べたり、沖縄の人間が東北の産物を食べたり、そんな贅沢《ぜいたく》ができるのも冷凍技術のおか

げであると、評価している。（と、逃げを打っておくところが我ながら狡猾《こうかつ》だな）

私が、サンマについて言いたいのは冷凍技術以前の問題なのだ。一体全体、どうして今の若い衆が、私たちが味わったあの素晴らしいサンマの味を味わえないのか。

それは、単純なことだ。サンマに脂が乗るまで獲るのを待てば美味しいサンマを食べることができるのに、それ以前に獲ってしまうからである。

サンマは回遊魚である。秋になると、北からどんどん南に下がってくる。下がるに連れて成長してきて、銚子《ちょうし》沖あたりに来たときに一番太って大きくなる。私が、涙ながらによだれながらに書いたサンマはその銚子沖で獲れたサンマだ。

今、読者諸姉諸兄が食べておられるサンマはどんなサンマかと言えば、十分に太る前に、極端に言えば発育不良のうちに、遙か北の沖合で獲られてしまったサンマである。であるからこそ、あんなに細く、あんなに脂が乗っておらず、あんなに肉に味がないのだ。おまけに、獲ってすぐに冷凍してしまうから肉の色が変わってしまって、本来の真っ白な色ではなくなってしまう。

私は、漁業関係者の反発を買うのを覚悟で言うが、漁業に携わる人たちはとにかく漁獲高を上げることを第一に考える。それは理解できないことではない。漁獲量が多ければ、それだけ収入が増える。収入を増やすのは誰でも願うことだ。だが、それが、漁業を滅ぼし、ひいては自分自身の生活を滅ぼすことに思いが及ばないのはあまりに短慮ではないか。

誰よりも早く、誰よりも沢山サンマを獲りたい。沢山獲ったサンマは、最後まで売り尽くしたい。そこに、新しい漁業技術が生まれる。足の速い船、魚群探知機、船内冷凍技術。

そのような武器が手に入れば、誰でも同じことをする。サンマの群が南に下がり始めたらすぐに漁に出る。遠い沖にまで追いかけて行く。手当たり次第獲る。獲った先からどんどん船内で冷凍してしまう。痩せていても太っていてもサンマはサンマ。都会の消費者に魚の味は分かるまい。冷凍にしてあるから、売り急ぐこともない。それが、今のサンマ漁の実体ではないか。

かくして、現在、日本人は、都会に住もうと漁港に住もうと冷凍のサンマ以外食べる術《すべ》がない。現代の日本人はサンマの身の色は茶色であると子供の頃から思い込んでいるのである。そして、結局のところ、サンマはまずい魚、下魚《げざかな》と評価が定まってしまっている。サンマに対する人々の評価が下がれば、サンマの価値も下がる。サンマ漁師たちの労働はきつくなるのに収入は減るばかり。

漁業関係者は苦労してまずいサンマを獲り、サンマの価値を下げ、我々消費者は本当のサンマの美味を知らず、まずいサンマしか食べる術がない。誰一人、今の状況で楽しい思いをしている者がいない。ああ、やんぬるかな、やんぬるかな。

銀杏ご飯(左)
下り鰹の中落ち煮(下)
●第29巻/第7話「「究極」の弱点」より

青竹の筒の中に鮮やかな緑が美しい、銀杏の炊き込みご飯。生姜と醤油と酒で煮た中落ちは、春の初鰹より、秋に獲れる下り鰹の方が脂が乗っていて美味しい。

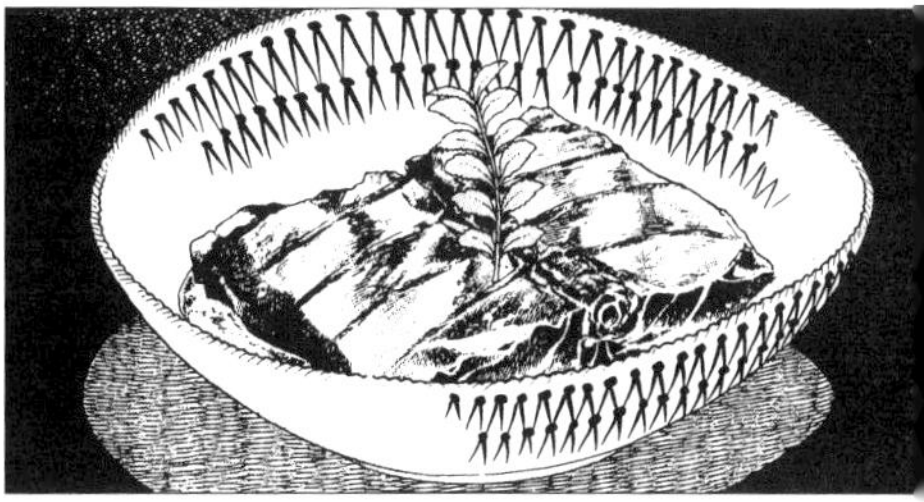

マロン・グラッセ
●第35巻/第3話「栗騒動」より

丹沢山地のとれたての栗で作ったマロン・グラッセ。濃度の薄いシロップから、順々に濃いシロップにつけるのがこつ。手間がかかる。

本物のシメジ、ナメコ、ヒラタケのキノコ鍋
●第36巻/第1話「キノコの真実」より

人工栽培ではない天然のキノコを使った鍋。野生のキノコは形も旨味も香りも栽培物とは全く違う素晴らしさ。

アケビの揚げ物
●第55巻/第3話「アケビの感性」より

山に自生する果実・アケビを油で揚げたもの。生椎茸、シメジ、ゴボウ、赤じそを合わせ味噌と和え、果肉を取り去ったアケビの果皮につめて低音の油でじっくり揚げる。果肉は上品で繊細な味。

一体誰が悪いのか。

読者諸姉諸兄よ、気分を害するなら害してくれ。悪いのは諸君らなのだ。サンマが美味しくなる季節より以前にサンマを食べたがる諸君が悪い。安くなければ厭だなどと相手のことを考えないわがままを言う諸君が悪い。下請けの中小企業を痛めつける大企業と、諸君は同じではないか。

サンマが太るまでじっくり待って、太って美味しいサンマにはそれなりの対価を払おう。その代わり、へんてこりんなサンマは断固拒否しよう。

諸君らが、太って美味しいサンマしか食べない、しかも太って美味しいサンマにはそれなりの対価を支払うと言うことが明らかになれば、漁業関係者だってずいぶん楽になる。無理な操業をせずに済むし、自分たちは本当に美味しいサンマを獲っているのだという誇りも持つことができる。そして、何よりも、諸姉諸兄が、私が先ほど書いたような本当に美味しいサンマを食べることができるようになるのである。全て、ことは上手く回る。

私は、死ぬまでにもう一度、あの「ぶっとい」サンマを食べたい。読者諸姉諸兄にも食べさせたい。

皆の衆、なんとかしようじゃごわせんか。

秋の味覚❖全リスト
[79巻まで]

『美味しんぼ』に登場した秋の味覚が大集合!
実りの秋、豊穣なる旬を味わってください!

◆葉山根つきの黄金のサバ　第2巻　第7話「幻の魚」
◆鰹の刺身とマヨネーズ醤油　第3巻　第4話「料理のルール」
◆マツタケの炭火焼　第5巻　第5話「臭さの魅力」
◆伊勢志摩から直送の生牡蠣　第5巻　第9話「鮮度とスピード」
◆紅玉のアップルティー
◆紅玉のアップルパイ　第14巻　第5話「母なるりんご」
◆昔ながらのサンマ　第14巻　第7話「秋刀魚の味」
◆洋食屋の牡蠣フライ　第16巻　第2話「洋食屋の苦悩」
◆ホンシメジの洋風ソテー
◆マイタケの鶏鍋　第20巻　第2話「山の秘宝」
◆マツタケ炭火焼
◆マツタケ土瓶蒸し
◆マツタケの甘鯛巻き椀　第20巻　第3話「マツタケ・ドリーム」
◆生牡蠣の半生焼き
◆焼き牡蠣の味噌だれ
◆牡蠣の豆鼓炒め
◆牡蠣のシャンパン蒸し
◆生牡蠣のトマトソース
◆煮牡蠣クリームソース
◆カラスミ粉焼き牡蠣の山椒風味
◆蒸し牡蠣の落花生油がけ　第20巻　第6話「カキの料理法」
◆丹波のマツタケの網焼き
◆明石のボタンハモ
◆マツタケとハモの土瓶蒸し　第23巻　第8話「二人のスター」
◆鴨鍋　第25巻　第2話「初もの好き」

◆ナラタケとヒラタケのスイトン　第25巻　第3話「スイトン騒動」
◆マスカットの最中
◆15年かけた干し柿
◆柿の羊羹　第26巻　第4話「究極VS至高 菓子対決!!」
◆牡蠣の清蒸　第26巻　第6話「世界を包む」
◆銀杏ご飯
◆下り鰹の中落ち煮　第29巻　第7話「「究極」の弱点」
◆京菊菜とマツタケのハモ鍋　第30巻　第1話「大食い自慢」
◆鮭の刺身の菊の花散らし
◆鮭の皮の焼物
◆鮭の揚げ餅　第30巻　第5話「鮭勝負!!」
◆長野の新そば
◆辛味大根のおろしそば
◆暮坪カブのおろしそば　第32巻　第4話「薬味探訪」
◆マロン・グラッセ　第35巻　第3話「栗騒動」
◆本物のシメジ、ナメコ、ヒラタケのキノコ鍋　第36巻　第1話「キノコの真実」
◆サツマイモの炊き込みご飯
◆シメジの炊き込みご飯
◆アジの混ぜご飯
◆中華風炊き込みご飯
◆鮭の炊き込みご飯
◆ひじきご飯
◆栗ご飯　第40巻　第4話「混ぜこぜ禁止令」
◆ハゼの天ぷら
◆ハゼの焼きびたし
◆ハゼの刺身

◆ハゼの洗い
◆ハゼの照り焼き
◆ハゼの椀　第46巻　第3話「ハゼの教訓」
◆赤ヤガラの刺身
◆赤ヤガラの椀　第55巻　第1話「ヤガラの心」
◆アケビ
◆アケビの揚げ物　第55巻　第3話「アケビの感性」
◆マツタケの炮烙焼き
◆マツタケご飯
◆マツタケのお吸物　第61巻　第6話「よくぞ日本人に生まれけり」
◆蒸しナスの香り漬け
◆焼きナスのウニの塩辛のせ
◆加茂茄子フォアグラはさみ揚げ
◆ナスの寿司
◆民田茄子の芥子漬け　第65巻　第4話「ナスで仲直り!?」
◆牡蠣のオムレツ　第66巻　第6話「競馬で本年を占う!!」
◆鰹のへその煮つけ　第69巻　第5話「カツオのへそ!?」
◆生牡蠣の中華風清蒸
◆ペナン風お好み焼き　第70巻　第5話「恋のお好み焼き」
◆走りの銀杏のかき揚げ丼　第75巻　第1話「のれん分けの意味」
◆宮城県直送生牡蠣の酢牡蠣
◆牡蠣の唐揚げキムチ丼
◆牡蠣の唐揚げキムチ包み飯　第75巻　第4話「命名騒動!?」
◆竹筒入りの柿羊羹　第76巻　第1話「寝不足の理由」
◆酢牡蠣　第79巻　第5話「手打ちのこころ」

美味《おい》しんぼ塾
【第二章】幻の味

第四講◆鶏肉

昔、縁日ではよくひよこを売っていた。

ボール紙の箱の中にひしめいてぴよぴよ鳴いているひよこは愛らしく、子供の心をとらえてしまう。子供は親に買ってくれという。親は、仕方なく買うことになるが、そこは大人であるから抜け目なく、「メスのひよこをくれ」と言う。するとひよこの売り手は、如何《いか》にもそれらしく数羽選んでくれる。親は、メスなら、そのうち卵を産むだろうし、当面は子供も喜ぶことだから、ひよこを飼ってもいいだろうと思う。ところが、どっこい。ひよこが可愛いのは黄色の産毛が生えている間だけ。その産毛が生え替わり、体が大きくなると嘘のように可愛くなくなってしまう。そのうちに、メスのはずだったのにオスの印のトサカが出てくる。だまされたと思っても、もう遅い。オスの鶏は成長するにつれて、ますます可愛くなくなる。子供はとっくに興味をなくしてしまっている。餌をやったり水を替えたりするのも結局は親の仕事になる。親もうんざりする。

そもそも、養鶏場で孵《かえ》ったひよこはその場で全てメスかオスか判定されて、役に立たないオスは始末されてしまうのである。養鶏場にはひよこの雌雄を鑑定する専門家がいて、なんでも、ひよこの肛門《こうもん》の中を見ると分かるのだそうだ。（これは養殖の真珠貝に核を植えつけるのと並ぶ日本人の特技であるらしく、今はどうだか知らないが、以前は世界中に日本人のひよこの雌雄鑑別技術者が結構な給料で働きに出かけていた）

だから、縁日で売られているひよこは養鶏場で役立たずのオスと判定され、処分されるところを、ただ同然で縁日の売人に引き渡されたものだったのである。

で、そのような鶏はどうなったか。

昔は世の中のんびりしていたから、親は子供が学校に行っているすきに鶏を肉屋に持って行く。懇意にしている肉屋ならそのへんをよく承知してくれて、鶏を受け取って、代わりにそれに見合うだけの肉をくれる。学校から帰ってきた子供は鶏がいないのに気づくが、親は、お前たちが留守の間にどこかに飛んで行ってしまったよ、とか何とか言ってごまかす。子供たちも、もはや鶏に興味を失っているから親の嘘に気づかない。へええ、どこに飛んで行ってしまったんだろう。などと、少しの間は真剣に考えるが、おやつを貰うとそんなことも忘れて、迎えにきた友達と一緒に遊びに出かけ、夕方、帰ってきて鶏と引き換えに親が貰ってきた肉を晩ご飯にしこたま食べて上機嫌で寝てしまう。三日もすれば、鶏のことはすっかり忘れてしまう。

と言うのが、大抵の縁日で買われてきた鶏の運命なのだが、これが私の家ではそうは行かない。そのような鶏はわが家できっちりと始末をつけられてしまう。

いい案配に育つと、ある日、惨劇が起きる。裏庭の柿の木と物干しの柱の間に縄がはられ、その縄に、足を縛られて鶏が逆さまにぶら下げられる。大騒ぎする鶏の頭を掴《つか》み、喉を十分に伸ばしておいて、一気に掻き切る。トサカは肩のあたりに触れるまで引き上げられ、十分に開いた喉の切開口から血がどっと流れ出る。この、血を全部十分に流し出すことが大事で、さもないと、食べるときに美味しくないのである。

その惨劇の下手人《げしゅにん》は私の父と祖母だった。父は、鶏の喉を掻き切るのに、髭《ひげ》を剃《そ》るのには切れ味が悪くなって、本来なら私たちの鉛筆削りに回ってくるはずの片刃のかみそりの刃を使った。（昔は鉛筆削りには片刃のかみそりの刃を使うのが普通だった。そう言う鉛筆削りを今でも売っているのかどうか知らないが、文房具屋で売っている折り畳み式の鉛筆削りに使われている片刃のかみそりは切れが悪く、父のお古のかみそりの刃の方が切れ味が鋭いので、私たちは父がかみそりの刃を取り替えると争って貰ったものである）

おマチ婆っちゃんの鶏鍋
●第51巻／第4話「鶏の味、ニンジンの味」より

鶏肉嫌い、野菜嫌いの子供が喜んで食べる鶏鍋。山岡の実のおばあさんのような存在のおマチ婆っちゃんが育てる鶏と野菜は、本当に健康で自然の味がする。

鶏のモツと大根の煮物
●第47巻／第3話「結婚披露宴」より

亡き山岡士郎の母が、夫・雄山のために作った煮物。自然養鶏の鶏の肝臓と砂肝を、十分に生姜を効かせ、自家製の大根の輪切りと煮る。大地の香りを十分に含んだ力強い美味しさ。

九条ネギ、根深ネギ、下仁田ネギの鶏鍋
●第61巻／第4話「断筆宣言!?」より

健康な鶏の鶏鍋と一緒に食べる日本各地のネギ。京都の九条ネギは、しゃっきりした歯ざわりでネギの香りが強い。むちむちねっとりした感触で甘味が強いのは千住系の根深ネギ。群馬の下仁田ネギは太くてもちもち、甘味、香り、刺激、味のこく、全てが豊か。

父がかみそりの刃で鶏の喉を掻き切るのは実に手練《てだれ》の技と言うべきで、見事なものだった。ところがあるとき、私の体の具合が悪くて、かかりつけの医者が、ちょうど父が鶏を始末するところに往診に来合わせた。私の診療をすませた医者は父が鶏を始末すると聞くと興奮して、メスを持っているから私にやらせてくれ、と父に言った。父はちょっと不満気な表情を見せたが、鷹揚《おうよう》に、どうぞと言った。医者は嬉々《きき》として、持っていたメスで鶏の喉を切った。（私は、人間の男とはどう言う種類の動物であるかそのときに十分に理解したので、今になって、ボスニアだのアルバニアだの東チモールだので無残な惨劇が重なっても、心から嘆きはするが驚かないのである）

父が喉を掻き切って血が全て流れ出てしまうと、祖母の出番になる。それ以前から、祖母は近くに炉を構えて大鍋で湯を沸かして待っている。鶏の血が抜け出てしまうと、鶏を縄から外して大鍋の沸騰した湯の中につける。それからおもむろに取り出すと、羽をむしるのが容易になるのである。

このような一部始終を見届けておきながら、夕食にその鶏が出るとなんのためらいもなく私たちは喜んで食べた。姉だけは、それが家の鶏と知ると食べずに、不機嫌に他のおかずでご飯を食べた。私は姉のそのような態度を偽善的なものに感じた。肉屋から買ってきた鶏なら食べるのに、自分の家で殺した鶏を食べないと言うのは理に合わない。その当時から、私は、人間が生き物の命を奪わずには生きて行けないことを、人間の原罪だと思うようになった。その点で、父と祖母は私に良い教育をしてくれたと思っている。

父の作る鶏鍋は美味しかった。わが家で鶏を始末するとき以外にも、会社の帰りに鶏の皮や臓物を買ってきて鶏鍋を作った。平たい鍋にまず、鶏の皮を入れ十分に脂を出す。そこに臓物を入れ、鶏の脂で焼くようにする。長ネギを入れる。鶏の臓物に火が通ったところで醤油と酒をざっと回しがけにして出来上がり。簡単な料理に思えたのだが、今自分でやってみるとこれが難しい。火加減、ネギを入れ醤油と酒をかけ回す呼吸、そのあたりがちょっとずれると台なしになってしまう。

父はその鶏鍋を前におもむろに酒を飲む。私たちは横から鶏鍋をつつく。私は、小学生のくせに、父の酒を盗み飲む。父は、私が杯に手を伸ばすと一応は「ああ、だめだめ」と言うが、私が一気に飲んでしまうと「ああ、しょうがないな、飲んじゃった」と機嫌よく言う。で、調子に乗って私は何度も杯に手を伸ばす。その度に父は「だめ、だめ」と言うが、本気で怒ったりとめたりしない。私が杯をあけると「こいつは、将来酒飲みになるぞ」と嬉《うれ》し気に言う。私は親孝行なので、父の言葉を守るために、仕方なくそれ以来酒を飲むようにしているのである。親孝行を貫くのは辛いものだが、それも人の道と言うものだ。

その鶏鍋は、酒はすぐに飛んでしまうからいわゆる汁分が殆《ほとん》どなく、鶏の脂と醤油が混じったものの中に、かりっと香ばしい鶏皮と、ほどよく煮えた臓物が、ネギを従えて並んでいる。この鶏皮と臓物の濃厚でこってりとした味は忘れられない。よく、卵の黄身が沢山ついた卵巣が入っていることがあって、そんなときには私たち子供は奪い合って食べたものである。子供は普通ネギが苦手なものだが、鶏の脂を吸ってくったりとなったネギの味ときたら、どんなネギ嫌いの子供でも、自分のご飯茶わんに争って乗せて、ご飯と一緒に掻き込んで、ぐいぐいと飲み込んでしまうのだ。美味しいものと言うのはどうしてもっとじっくり口の中で味わうことなく、あわてて早く飲み込んでしまうのだろう、と子供心に真剣に考えたものである。

そのように、大好きだった鶏だが、結婚したときに、私が連れ合いに頼んだことが二つある。一つは、マヨネーズは自分の家で作ること、もう一つは、鶏肉は家の食卓に乗せないでくれ、と言うことだった。

私は子供の頃から母親のマヨネーズ作りを手伝わされてきており、マヨネーズは自分の家で作るものと思い込んでいたし、たまに、市販のマヨネーズを食べると新鮮な風味がなく、変にいがらっぽい味で、しかもあとに化学調味料の味が残るのでうんざりする。マヨネーズだけは自家製でないと我慢できないのである。長い間、結婚してすぐに横浜元町《もとまち》の雑貨店で買った手で歯車を回す回転式の泡立て機を使っ

自家製マヨネーズ各種
●第34巻／第5話「究極VS至高サラダ勝負」より

オリーブオイル、綿実油、紅花油、ワインヴィネガー、米酢、スダチの汁、和辛子、洋辛子、山椒の粉などを使って作った色々なマヨネーズ。自分で作ると純粋で美味しく、しかも違った風味の物が出来てサラダを食べる楽しみが大きくなる。

半熟卵のトリュフソース添え
●第15巻／第1話「究極VS至高」より

温めた黄身をトリュフソースとともに食べる。卵は自然養鶏のもので初卵。ソースは、トリュフをすって裏ごししたものをフォン・ド・ヴォーで溶き、生クリームを加えて味を整えたもの。「究極VS至高」第1回対決で山岡が提出した卵料理。

ていたが、十年ほど前にバーミックスと言うハンドミキサーの一種を手に入れてから、嘘のように簡単にあっという間に出来上がるので、うっかりマヨネーズを切らしていても慌てなくなった。何しろ二分もあれば新鮮なマヨネーズが絶対に失敗なしにできてしまうのである。（苦労した揚げ句に、最後に油と卵が分離してしまってマヨネーズ作りに失敗したときの落胆と言ったら、他に例えようがないよね）

鶏肉については、子供のころに食べた鶏の味が忘れられないからである。

父が料理してくれた鶏鍋も旨かったが、決定的なのは私が四歳まで中国で過ごしたことだ。中国で食べた鶏肉は素晴らしく美味しかった。特に、その香りが忘れられない。ところが、市販の鶏肉ときたら年を追うごとにひどくまずくなって行き、中国の鶏肉の味と香りをなまじ覚えているばかりに、鶏肉を食べる度に、「違う、こんな味じゃない。第一この臭さは何だ。たまらん。嫌だ」と強く反撥《はんぱつ》するようになり、ついには、もう市販の鶏肉はごめんだ、と言うことになってしまったのである。

戦後一番評判を落としたものの一つが鶏肉だろう。昔は鶏肉と言えば大変なご馳《ち》走《そう》だったが、今は、よほど特殊な鶏肉以外は他の肉に比べると一段格落ちの扱いを受けているのではないか。それは、ブロイラー種の鶏を、配合飼料を使いさまざまな薬品を使い、工場製品のように機械的に飼育する養鶏法が市場を制圧して以来の

むひょおーっ!!
中から鶏が出てきたよ!

乞食鶏
●第20巻／第4話「蒸し焼き勝負」より

中国の鶏の蒸し焼き料理。鶏一羽を丸ごと、海鮮醤油、中国醤油、老酒、オイスターソースを合わせた汁に漬け込む。長ネギ、ピーマン、大頭菜、豚の背脂、乾し椎茸、生姜をみじん切りにして炒めたものを鶏の腹に詰め、乾したハスの葉でくるみ、泥粘土で厚くおおい、天火で強火で一時間、弱火で五時間焼く。

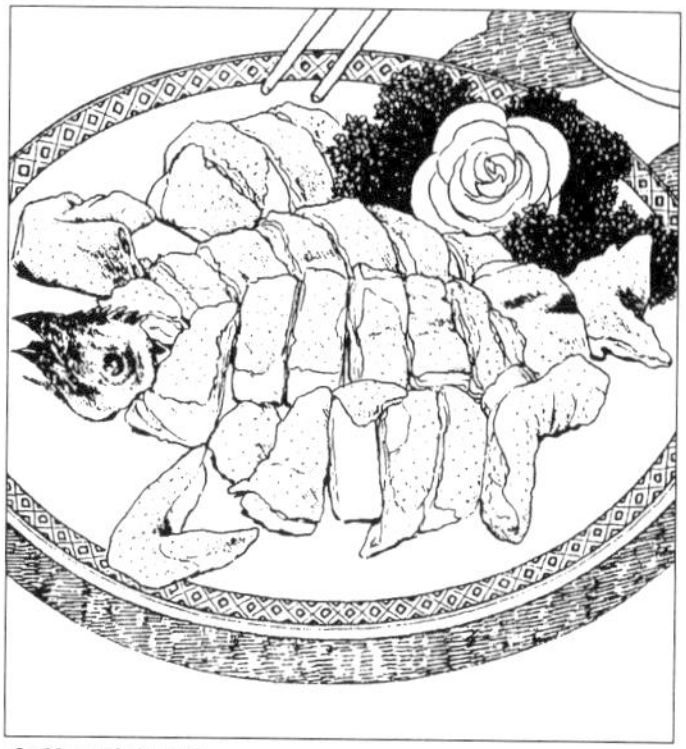

金鶏の唐揚げ
●第11巻／第3話「香港味勝負」より

中国でも一番美味しいとされている金鶏の唐揚げ。低い温度の落花生油をかけて熱をじっくり中まで通し、最後に高温の油をかけて表面をパリパリに仕上げる。

わあ、いい香り!

タンドーリ・チキン
●第20巻／第4話「蒸し焼き勝負」より

インドの鶏料理。ヨーグルトで練った香辛料を塗った鶏を、タンドーリという土釜であぶり焼きにする。表面はパリッとして香ばしく、中は柔らかい。

丸ごとの鶏肉の中味をきれいにして、餅米、ニンニクをつめて糸で縫《ぬ》って閉じて、
鍋に入れ水を張り、高麗《こうらい》人参《ニンジン》とナツメを加えて、とろ火で三時間ほどゆっくり煮ます。

蔘鶏湯(サムゲタン)
●第50巻／第1話「黒いマスコミ王」より

韓国の鶏のスープ。丸ごとの鶏の腹に、餅米、ニンニクを詰めて糸で縫って閉じて、鍋に入れ水を張り、高麗人参とナツメを加えて、とろ火で三時間ほど煮る。塩コショウで味付けして食べる。食慾をかきたてる味と香り。

ことである。

漫画にも書いたことだが、うっかり鶏の水炊きなど口に入れると、呑み込むのに苦労することがある。とにかく臭い。まずい。閉口する。経済効率第一主義で食材を作るとどうなるか、ブロイラーがその見本の一つである。オランダの会社だったか、鶏の羽をむしるのが大変なので、羽の生えない鶏を作ったというニュースをずいぶん前にテレビで見たが、その鶏は実に無残としか言いようのない姿だった。羽をむしった鶏の姿を想像してご覧なさい。しかも、それが生きて動いているんだよ。本当にぞっとした。しかし、今に、養鶏場に行くと、羽の生えていない裸の鶏がびっしりと肩を並べて餌をついばむ姿を見ることになるのかもしれない。長生きはしたくないものだと、つくづく思う。

こんな話で終わると後味が悪い。最近私が食べた鶏の話をしよう。

先年私は台湾の山奥に、かつて日本軍の兵隊として徴用された現地人の話を聞きに行った。そこに一軒の料理屋兼飲み屋があった。昼食が美味しかったし、山奥で他に店もないので晩飯もそこで食べることにした。

山は高く谷は深く、空気はすがすがしく、流れは清冽《せいれつ》。誠に申し分のない雰囲気で、店の周りには鶏が放し飼いになってうろうろしている。犬も猫も放し飼いになっているのに、どれも鶏を襲おうとしない。実にのんびりとした環境である。その日の午後私は持病の偏頭痛の発作が起きて、同行の者たちには勝手に行動してもらい私は一人で店の長いすに寝転がっていた。すると、突然けたたましい鶏の鳴き声が響いた。それで、私は夜の料理がなんだか分かった。

予想どおり、夜の食卓には、鶏の丸煮が出た。単に、水で煮ただけのものである。それを唐辛子《とうがらし》入りの醤油をつけて食べる。ただそれだけなのだが、一口鶏肉を口に入れて私は言葉を失った。その香り、きめ細やかな肉の質感、深い味、こく。全てが、私が子供のころに味わった理想の鶏そのものだったのである。

私は無我夢中で鶏をむさぼった。

皆の衆、あきらめてはいけない。美味しい鶏は世の中に存在する。実は台湾まで行かなくても日本にも存在することを私は知っている。ご自分で探してみてください。そして、鶏の本来の味を知ってください。鶏の本当の旨さを知れば、今の日本の世の中、なんとかまともにしないといけないと思うから。

鳥料理❖全リスト
【79巻まで】

『美味しんぼ』に登場した鳥料理&卵料理が大集合！本物の鶏が持つ驚愕のうまさを味わってください！

◆おマチ婆っちゃんの本当に健康な鶏の水炊き
第1巻　第9話「舌の記憶」
◆フランス伝統の鴨料理
◆鴨のワサビ醤油
第3巻　第4話「料理のルール」
◆プレーンオムレツ
第6巻　第2話「卵とフライパン」
◆さまざまな目玉焼き
第7巻　第7話「黄身と白身」
◆中国風フライドチキン
第10巻　第10話「フライドチキン」
◆金鶏の唐揚げ
第11巻　第3話「香港味勝負」
◆半熟卵のトリュフソース添え
◆初卵の黄身の味噌漬け
第15巻　第1話「究極VS至高」
◆親子丼
第18巻　第4話「丼の小宇宙」
◆村おこしのための鶏料理
第19巻　第1話「対決！村おこし」
◆アヒルの足の蒸し煮
◆鶏の足のスープ
第19巻　第6話「仏の足」
◆マイタケの鶏鍋
第20巻　第2話「山の秘宝」
◆乞食鶏
◆タンドーリ・チキン
◆鶏の炮烙鍋蒸し焼き
第20巻　第4話「蒸し焼き勝負」
◆ツグミの焼き物
第21巻　第4話「禁断の鳥」
◆土鍋蒸し
第23巻　第1話「ジャンボ茶碗蒸し」
◆七面鳥のハムとラズベリージャムサンド
第23巻　第2話「甘味と辛味」

◆関西風生卵カレー
◆マハラジャのための鶏カレー
第24巻　第1話「カレー勝負」
◆鴨鍋と合鴨鍋
第25巻　第2話「初もの好き」
◆北京ダック
第26巻　第6話「世界を包む」
◆鶏肉と野菜の煮付け
◆うずらの団子椀
第27巻　第1話「本当のご馳走」
◆烏骨鶏のスープ
第28巻　第2話「長寿料理対決!!」
◆愛情満点の親子丼
第29巻　第5話「親子のきずな」
◆鶏のボンボチの串焼き
第29巻　第7話「「究極」の弱点」
◆鶏の頭の丸揚げ
第31巻　第4話「死出の料理」
◆アヒルのレバーのサンチョイパオ
第33巻　第3話「魅惑の大陸」
◆自家製マヨネーズ各種
第34巻　第5話「究極VS至高　サラダ勝負」
◆キジ肉のパイ皮包み
◆鳩のレアロースト
第35巻　第2話「豊饒なる大地」
◆年に一日だけ作る鴨南蛮
第36巻　第4話「年越し鴨南蛮」
◆アボリジニーの鷲鳥燻き火焼き
第37巻　第2話「激突 アボリジニー料理!!」
◆鶏のささ身で作ったヘビのスープ
第39巻　第1話「ゲテモノ合戦」
◆ゴマ風味フォアグラのテリーヌ
◆若鶏の燻製のごま入り餅包み
第39巻　第3話「ゴマすり」
◆エミューのステーキ
第40巻　第2話「オーストラリアン・ドリーム」
◆薄焼き卵入りのコンソメスープ

◆卵の黄身とパンのコンソメスープ
第41巻　第2話「母のスープ」
第41巻　第3話「失恋気分」
◆鴨の冷製
◆うずら肉のミート・ローフ
◆伊達巻き
第41巻　第6話「おせち対決」
◆ゆで卵
第42巻　第4話「愛ある朝食」
◆巣ごもり卵風ブレッド・スープ
第43巻　第3話「敗北宣言」
◆軍鶏肉のヤキトリ
◆軍鶏の皮とモツの鍋
第43巻　第5話「食は人を表わす」
◆北京ダックのサンドイッチ
第43巻　第6話「サンドイッチ作戦」
◆ダチョウステーキグリーンペパーソースかけ
◆ダチョウステーキラム酒ソースかけ
第44巻　第1話「熱闘！クイーンズランド」
◆キャベツの鶏ガラスープの椀
第44巻　第3話「心の傷」
◆鶏のレバーのテリーヌ
◆鶏の足の広東風煮
第45巻　第1話「和解の料理」
◆鶏のモツと大根の煮物
◆ゆで卵のトリュフソースかけ
◆鴨丸の椀
第47巻　第3話「結婚披露宴」
◆屋台のヤキトリ（ボンボチ、つくね、蒸し鶏、レバー）
第48巻　第3話「屋台と料亭」
◆鳩の胸肉のサラダ
◆合鴨のロースト オレンジソースかけ
◆合鴨の胸肉のロースト
◆合鴨の燻製

◆合鴨鍋
第48巻　第6話「団欒の食卓」
◆鶏のタケノコ焼き
◆タケノコと鶏の炊き合わせ
第49巻　第3話「タケノコ山作戦」
◆蔘鶏湯
第50巻　第1話「黒いマスコミ王」
◆うずらの丸の椀
◆うずらの丸焼き
◆うずらの卵のトリュフソースかけ
◆うずらの卵の目玉焼き キャヴィアのせ
◆フォアグラのソテー うずらの黄身塗り
第50巻　第3話「団の弱点」
◆おマチ婆っちゃんの鶏鍋
第51巻　第4話「鶏の味、ニンジンの味」
◆アヒルの蒸し煮
◆鶏肉とセロリの炒めもの
第53巻　第3話「遺産の真価」
◆"金沢名物"、治部煮
第53巻　第6話「猫が怖い!?」
◆本物のキリタンポ鍋
◆比内鶏の焼き物
第56巻　第3話「恋のキリタンポ」
◆鶏と野菜の煮しめ
第57巻　第1話「30年目のおせち料理」
◆軍鶏の炭火焼き
◆軍鶏の肝臓の刺身
◆軍鶏鍋
第58巻　第1話「いじめを許すな！」
◆パンとベーコンのニンニク炒め フライド・エッグのせ
◆小鳩の低温調理
◆エミューの生ハムのサラダ
第59巻　第2話「対決再開！オーストラリア」
◆鶏皮鍋

第60巻　第2話「居酒屋、新メニュー!?」
◆美食倶楽部流の卵豆腐
第61巻　第3話「失敗!卵豆腐」
◆九条ネギと根深ネギと下仁田ネギの鶏鍋
第61巻　第4話「断筆宣言!?」
◆小鳩、うずら、鶏の中華風唐揚げ
第61巻　第8話「盲点の食材」
◆カブの鶏手羽詰め
第62巻　第3話「低予算披露宴　対決!」
◆つくね親子丼
◆チキンカツ親子丼
第63巻　第4話「東西新聞の危機」
◆お母さんのちらし寿司
◆うずらの唐揚げ
第64巻　第5話「おかあさんの味」
◆トマトと卵の中華風炒め
第65巻　第2話「料理人の幸福」
◆鶏の刺身
◆生のフォアグラのソテー
◆トリュフの土瓶蒸し
第65巻　第6話「美食倶楽部入門への道!!」
◆ホビロン
第66巻　第5話「ベトナムの卵」
◆牡蠣のオムレツ
第66巻　第6話「競馬で本年を占う!!」
◆"秋田名物"、キリタンポ鍋
◆"博多名物"、鶏の水炊き
第67巻　第5話「真の国際化企画」
◆具なし茶碗蒸し
◆だし巻き玉子の田楽
◆サンチョイパオ
◆2種類の玉子焼き
第68巻　第5話「父と子」
◆鴨のロースト
第70巻　第5話「恋のお好み焼き」
◆吉野の鶏めし

◆だんご汁
第71巻　第1話「日本全県味巡り大分編」
◆アヒルの皮のローストのせチャーハン
第72巻　第3話「料理の勘」
◆若鶏のニンニク味噌漬け焼き
◆鴨ロース煮
第74巻　第1話「恍惚のワイン」
◆合鴨のロースト
◆鶏の肝の串焼き
第74巻　第3話「神秘なる椎茸」
◆ふすべ餅
第75巻　第2話「日本全県味巡り宮城編」
◆うずら腿唐揚の梅干し裏ごし添え
◆軍鶏の皮焼きクレープ
第76巻　第4話「雄山の危機!?」
◆茶碗蒸し
第78巻　第3話「ワイン大作戦!?」
◆鶏のモツ鍋
第78巻　第4話「夏バテに喝!!」
◆蒸した鶏のささ身
第78巻　第8話「副部長、受難…!?」
◆中華風の鶏の足
第79巻　第2話「挑戦!珍素材!?」
◆フォアグラとトリュフのテリーヌ
第79巻　第3話「おでんの真髄」

第五講◆豆腐その二

豆腐の料理書では、『豆腐百珍』が有名である。読んでみると、なるほど、と思うところも多いが、何もそこまでしなくたってと思う部分も多い。私からするといじりすぎだ。

私は、幸か不幸か、豆から水からにがりまで、真面目に純粋一点張りで作った豆腐を、作ったその場で食べてしまったことがある。

それは正に至高の味であり、至福の経験であり、そんな味を経験すると、豆腐を調理するなんて勿体ないことはできないと思ってしまう。豆腐は、それ自体完成品であり、それを調理するのは、我があこがれのミレーヌ・ドモンジョに美容整形手術を勧めるようなものだと鼻息を荒げるのだ。(なに？　ミレーヌ・ドモンジョとは何者だと私にお尋ねなさるか。ふん！　知らない奴には教えてやらないよだ。この野蛮人め！)

私が一番美味しいと思うのは、豆乳ににがりを打って、豆乳のタンパク質成分が、もろもろと集ってきて、ある程度の大きさに育ったものを掬《すく》って食べる「汲み出し」豆腐である。そのふわふわした柔らかさ、味の純粋さ、味の深さ、ああ、これが本当の食べものの味だ、と思わずうなだれてしまう。

その汲み出し豆腐は、通常商品になるものでないから、そんなものの味を云々《うんぬん》するのは反則である。反則と分かっていても言わずにいられないほど美味しかったのだ。

それ以来、私は豆腐の味そのものを楽しむ食べ方に執着してきた。となると、冷や奴か、湯豆腐かということになる。実にどうも芸がない。芸がないが、それが一番美味しいと思えるのだから仕方がない。

ところで、私は十三年前からシドニーに住んでいる。最初の頃は勝手が分からなかったから、食べもののことでえらい苦労をした。長男が、「お父さん、もう、『美味しんぼ』は書けないね」と本気で心配してくれたほどである。

それが、十三年経つうちに色々と事情が分かってきたのと同時に、中国人、韓国人、台湾人の移民が増えてきた。すると、今まで手に入らなかったアジア系の野菜や、果物や、ハーブや調味料がふんだんに手に入るようになったのである。何と、タケノコも、ゴボウも蓮根《れんこん》も手に入るようになったのだから、万々歳である。

ただ、豆腐だけは余り幸せな環境ではなかった。中国人の経営するスーパーマーケットがあって、そこで何種類かの豆腐を売っているのだが、中国人は、デザートで甘い豆腐を食べる以外に豆腐をそのまま食べる習慣がない。必ず、炒《いた》めたり煮たりして食べる。だから、身が固い。それに、何やら後味が酸っぱい。なるほどね、と私は思った。

豆腐の後味が酸っぱいのは、豆腐の凝固剤のせいである。豆腐はにがりで固める。にがりは未精製の塩に含まれる成分で、伝統的なにがりは塩化マグネシウム、塩化カリウムが主である。ところが最近、グルコノデルタラクトンと言う凝固剤が盛んに使われるようになった。この、グルコノデルタラクトンを使うと作業が簡単な上に、同じ分量の豆乳からより多くの豆腐ができると言う。

何やら良いことばかりのようであるが、このグルコノデルタラクトンで作った豆腐は後味に酸味を感じる。

少しでも多く豆腐が、それも簡単に作ることができるとあれば、グルコノデルタラクトンを使わないわけがない。豆腐の後味が酸っぱく感じるのは、このグルコノデルタラクトンのせいだと私は思う。（日本でも後味が酸っぱく感じる豆腐があったら、それはグルコノデルタラクトンを使ったものと思ってよい。酸っぱいだけでなく味が悪い）

そんなわけで、シドニーでは美味しい豆腐を食べるのはあきらめていたのだが、

これが、汲み出し豆腐です。

汲み出し豆腐（左）
ザル豆腐（下）
●第22巻／第2話「豆腐勝負!!」より

豆腐を作る過程で、豆乳ににがりを打ったものを、そのまますくって食べるのが「汲み出し豆腐」。大豆の旨味も甘い香りも濃厚。「汲み出し豆腐」を布巾を敷いたザルにのせ、待つこと5分、水分をこしたものが「ザル豆腐」。汲み出し豆腐の旨さに加えて、しっかりした舌ざわりがある。出来立ての豆腐の美味しさを存分に味わえる二品。

おお……汲み出し豆腐の水分が、布巾でこされてなくなってしまった。
豆腐の塊だけ残ったぞ……

突然、救い主が現れた。

私の知人が、円筒形のプラスチックの容器に入った豆腐を持ってきてくれたのである。容器の中の豆腐は、他の大きな容器に作ったものを掬って入れたものとおぼしく、不定形である。聞くところでは、韓国人のおばあさんが作っているのだと言う。

私は、韓国の豆腐の味についてはよく知らないので、半信半疑だったが一口食べて目をむいた。こんな美味しい豆腐は日本でも滅多に食べられない！

それ以来、我が家では、その韓国人のおばあさんの作る豆腐にすがって生きている。ある人が見学に行ったところ、そのおばあさんは、石臼《いしうす》で豆をひいて昔ながらの製法で作っていたと言う。韓国人は儒教の影響で、肉体労働を卑しむ。そのおばあさんにもしものことがあったら、どうすればいいんだ。どうせ息子も娘もそのような労働を引き継ぐわけがない。

それを考えると、心配でたまらない。何とか、いつまでもこの美味しい豆腐を食べ続けたいと願うだけなのである。

私は、豆腐を料理するのはあまり好きではないが、例外がある。沖縄の、チャンプルーである。それも、ゴーヤ・チャンプルーには目がない。大体、ゴーヤ（ニガウリ）はスリランカから東南アジア一帯に普遍的に見られるもので、地域によって

お待ちどおさま、出来上がりです。

昔ながらの本物の豆腐
●第7巻／第5話「大豆とにがり」より

天日で乾燥させた国産の無農薬栽培の大豆を、地下水で水漬けし、煮上げた豆乳に、天然にがりの成分を打って作った豆腐。正直に昔通りの材料を使った豆腐には、醤油も薬味も要らない。

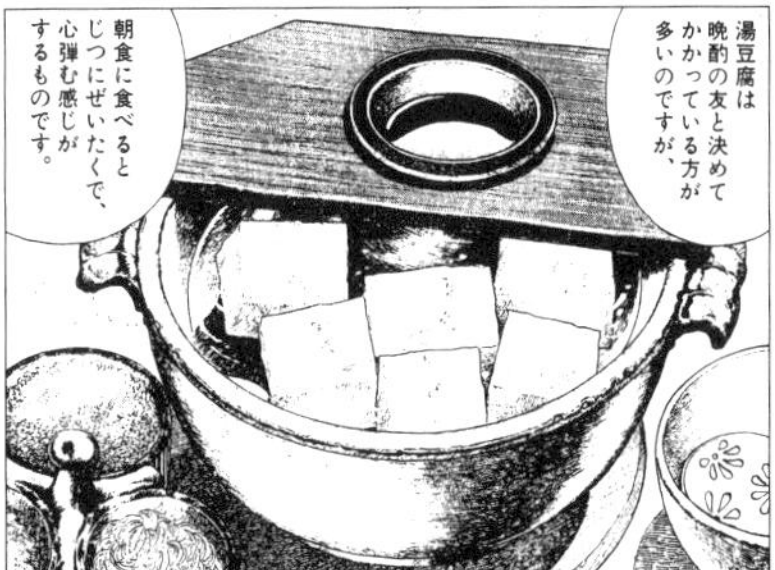
湯豆腐は晩酌の友と決めてかかっている方が多いのですが、
朝食に食べるとじつにぜいたくで、心弾む感じがするものです。

朝食の湯豆腐
●第42巻／第4話「愛ある朝食」より

天才料理人・岡星によれば「晩酌の友で食べる湯豆腐も美味しいが、朝食に食べると実に贅沢で心弾む感じがする」。

自家製ビックリあんかけ豆腐
●第46巻／第4話「究極の新居」より

自家製の豆腐に、新鮮な唐辛子を漬け込んだ焼酎を薬味としてスポイトで何か所かに注射した惣菜。豆腐を口に入れた段階では、濃厚な香りとふくよかな甘味が楽しめる。一口噛むと、ピリリと薬味が効いて豆腐の味がくっきりと際立つ。

色や棘《とげ》の形状などが違うが、味は大体変わりない。シドニーでもゴーヤは一年中手に入る。私の家でもゴーヤ・チャンプルーを作るが、どうも沖縄で食べたチャンプルーの味が出ない。

その理由が分かった。豆腐である。

沖縄の豆腐は、縄で縛って持ち歩くと言うほど、固く密度が高い。味も濃厚だ。その沖縄の豆腐でなければチャンプルーの真価は得られないのだ。

沖縄の人間はその豆腐を使って、豆腐餻《よう》と言う素晴らしいものを作る。豆腐を陰干しにしてから、紅麹《べにこうじ》と米麹を合わせて作った漬け汁に漬け込むのである。半年くらい漬け込んだときが食べどきだそうだが、私は十年ほど前、沖縄在住の友人の紹介で、沖縄の豆腐餻作りの一番の名人というおばあさんのところにお邪魔して、おばあさんが丹誠こめて作った豆腐餻をご馳走になった。全体に薄赤いのは紅麹のせいだが、中を割ってみると、大理石のような模様が入っている。

友人は、楊枝《ようじ》の先に米粒ほど取って味わえと言う。何をけちくさいことを言ってるんだと思ったが、その男は寿司屋に入るといきなりトロを手巻きで十本、などとわめく男であるから、これはけちなのではなく何かわけがあるのだろうと、言われたとおり爪楊枝で米粒ほど取って口に入れて驚いた。僅《わず》か米粒一粒ほどの豆腐餻が、口の中で大爆発。複雑だがすがすがしい香りが口いっぱいに広がり鼻に抜ける。強

豆腐餻
●第28巻/第2話
「長寿料理対決!!」より

豆腐を加工した沖縄料理。豆腐を立方形に切り、二、三時間おきにひっくり返して、粘り気が出るまで陰干しにし、泡盛で洗い、米麹と紅麹を合わせて作った漬け汁に漬け込んで熟成させる。六か月くらい経ったものが一番美味しいと言われている。

ゴーヤ・チャンプルー
●第28巻/第2話
「長寿料理対決!!」より

豆腐とゴーヤ(ニガウリ)の薄切りを炒めた沖縄料理。ゴーヤの苦味と、豆腐と油の甘味が調和してチャンプルーの味を作る。沖縄独特の固くて、濃厚ですっきり自然な味わいの豆腐でなければ本物の味は得られない。

列だが、旨味の要素を無数に含んだ味が舌の隅々に広がる。たった米粒一粒の量なのにだ。

「うほーっ！　すげえっ！」

と驚く私に、すかさず友人が、泡盛の古酒《クースー》を勧める。全く持つべきものは酒のみの気持ちを分かってくれる友人である。

古酒を口に入れると、豆腐餻の味は更にいっそう膨らみ、その美味しさを表現する言葉が見つからず、私は思わず涙をこぼしてしまった。物書きとして、きちんとした表現ができないなんて、敗北だよ。しかし、それは嬉しい敗北だ。こんな敗北なら何度でもしてみたいと思った。

本当に豆腐の世界は深く広い。

でもね、でもね、おら日本人なんだ。それも時代遅れの日本人なんだ。

冷や奴、湯豆腐、豆腐の味噌汁。これだよ。

第三章

よくぞ日本人に生まれけり

第六講◆洋食

洋食の洋とは西洋の洋である。では、洋食は西洋料理なのか。

今でこそ、日本中に、本格的なイタリア料理やフランス料理を食べさせるレストランが無数にあるが、そのようなレストランで供される料理を我々は洋食とは呼ばない。イタリア料理、フランス料理と呼ぶ。

何を言いたいかというと、洋食は断じて、西洋料理ではなく、日本料理であることだ。

日本料理である証拠に、洋食屋の全ての料理は米の飯と合うように作られている。洋食屋で豚カツと一緒にパンを食べる人間など見たことはない。そもそも、洋食屋にパンはおいてないのではないか。エビフライも、コロッケも、メンチカツも、シチューさえも米の飯と一緒に食べる。

大学を出て広告会社に勤めていたときに、先輩社員に近くのビーフ・シチュー専門店に連れて行って貰ったことがある。こってりとしたソースでじっくりと煮た牛肉（タンとオックス・テールか赤身の部分の肉かの二種類と、半分に切ったジャガイモ、それにニンジンが入っていたように記憶している）なかなか美味しいシチューだったが、このシチューをご飯と一緒に食べるのである。壁にはその店の名前を取ったフランスのレストランの写真だったか絵葉書だったか（とにかく三十年も前のことなので記憶があいまいで申し訳御座いません。私は記憶力が絶望的に悪いので有名なのです。特に他人との約束はすぐ忘れてしまうので、色々と不都合が多くて困っているのだ。それも、何か上げるとか、送って上げるとか、そう言う約束は、翌日まで憶えていることがない。全然悪意はないのだが、これでは調子の良いことを言って他人を騙《だま》す詐欺師か虚言症の人間と思われても仕方がない。その代わり、人が何かをくれると私に約束したことは死ぬまで忘れないのだから、厄介だ）が貼ってあるのだが、その店自体はフランスを思わせるのはその壁の写真だけで、何と座敷まであるのだ。フランス人が座敷に座ってビーフ・シチューと一緒に米の飯を食べたら面白いだろうなあ。

いや、私はシチューと一緒に米の飯を食べることを悪いと言っているのではない。その逆だ。シチューと一緒に米の飯を食べる幸せを知らないフランス人はなんて可哀相《かわいそう》なんだろうと同情する。

数年前にフランスのプロバンス地方にテレビの仕事で出かけたときに、牛肉の赤ワイン煮込みを食べた。仲良くなったタクシーの運転手に、上品なレストランではなくこの土地の人たちしか行かないような店に行きたいと言ったら、「よし、まかせておけ」と言って連れて行ってくれたのが、街道沿いで、ミシュランのガイドブックには絶対載りっこない長距離トラック運転手たちご愛用の、日本で言えばさしずめ大衆食堂と言った案配の店で、実に安直な感じなのだが、その牛肉の赤ワイン煮込みたるや、一口口に入れた途端驚きのあまり、うおっ、と思わず声を上げてしまったほど美味しかった。聞けば、三、四日赤ワインに野菜や香料と一緒に漬け込んでおいた牛肉を、早朝からじっくり煮込んで昼に出すと言うのだから、手間と時間がたっぷりかかっている。その牛肉の赤ワイン煮込みの旨さは胃袋だけではなく体中にじわーっと広がる旨さで、身も心も喜びに震えたが、私はそれでご飯を食べたいとは思わなかった。なぜなら、その牛肉の赤ワイン煮込みはあくまでもフランス料理であって、炊き立てのほかほかのご飯に合うようにはできていなかったからだ。

洋食の肝心な点はここであって、最初に西洋料理を食べた日本人は、私がプロバンスで牛肉の赤ワイン煮込みを食べたときのような感激を味わったに違いない。しかし、同時に、何か物足りないと思ったのではなかろうか。何が物足りないかというと、米の飯と合わないことだ。そこで、頭の良い人間が、西洋料理を米の飯と性

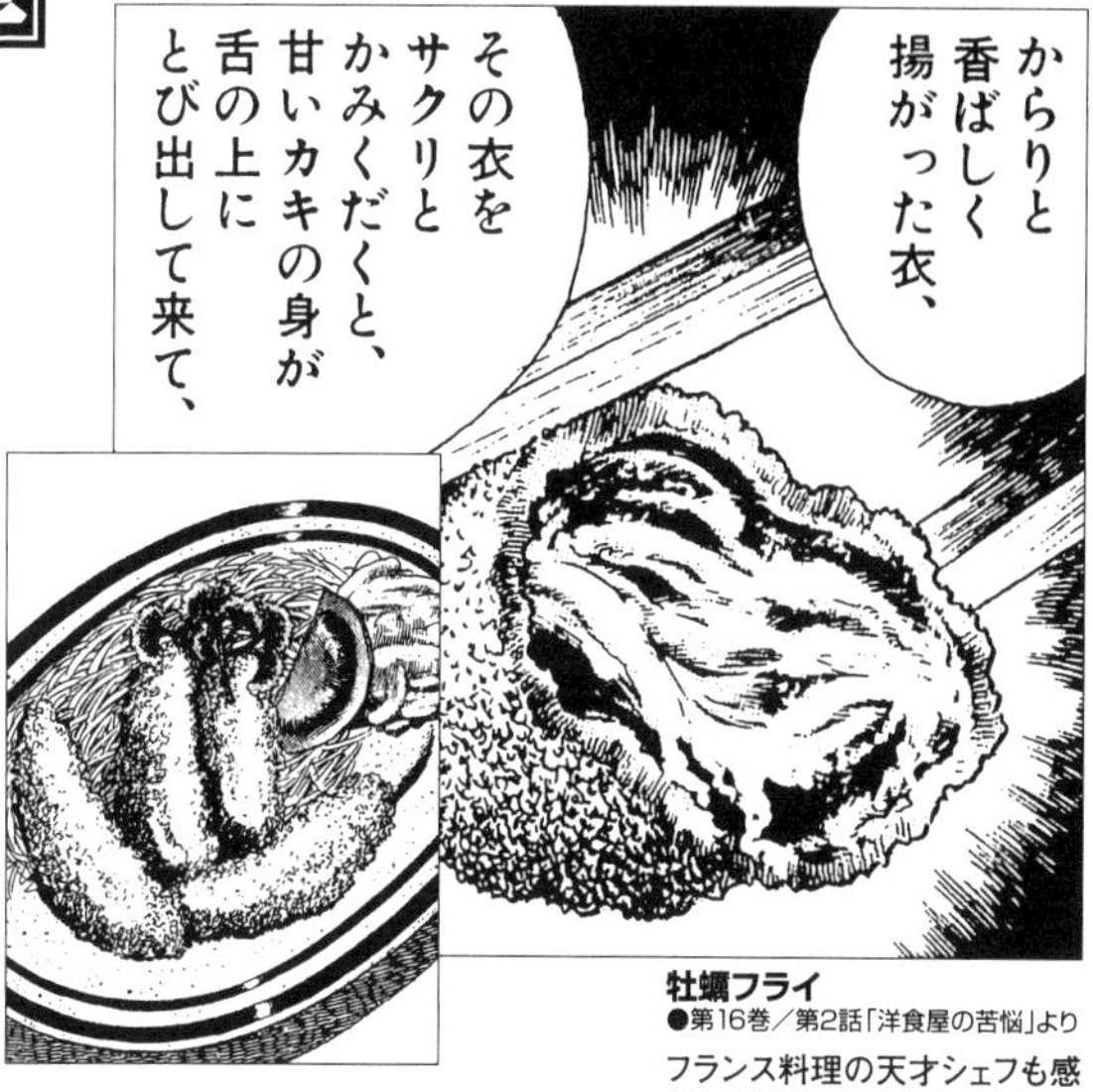
からりと
香ばしく
揚がった衣、
その衣を
サクリと
かみくだくと、
甘いカキの身が
舌の上に
とび出して来て、

牡蠣フライ
●第16巻／第2話「洋食屋の苦悩」より

フランス料理の天才シェフも感激した洋食屋の牡蠣フライ。火の通し方が完璧で、牡蠣の身の持つ全ての旨味が活性化している。

ジャガイモコロッケ
●第27巻／第3話「父のコロッケ」より

東西新聞社社員食堂・相川料理長のジャガイモコロッケ。北海道の最高の男爵芋を使用。ゆでたジャガイモは粘りが出ないように手際よくつぶす。パン粉は新しいもので。良い豚の脂身で作った特製のラードで揚げる。素朴だが豊穣、単純だが深い、食べ飽きることがない味。

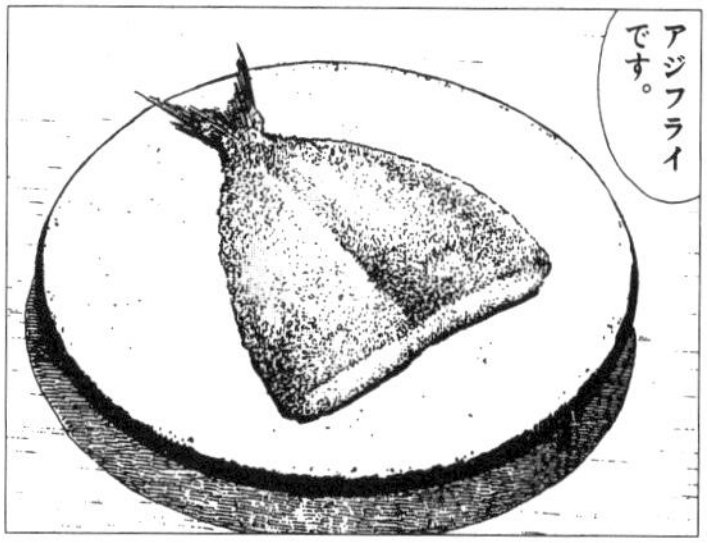
アジフライです。

アジフライ
●第43巻／第5話「食は人を表わす」より

ウスターソースにも醤油にも合う日本の洋食、アジフライ。

が合うように改良していったのだろう。日本人は昔から外国の文化を輸入してそれを自分たちに合うように改良してしまうのが得意だった。それこそが日本文化の形と言えるだろう。その点で、まさに、洋食は日本文化の形を表す典型だと私は思う。
豚カツ、海老《えび》フライ、メンチカツ、牡蠣《かき》フライなどの揚物を見よ。こんな料理は西洋料理の世界では見られない。フランスの有名なシェフが日本に来て、牡蠣フライを初めて食べて感激した話を聞いたことがある。私も、牡蠣の料理法としては、牡蠣フライは秀逸きわまりないものだと思う。牡蠣フライと海老フライは、世界に誇るべきものだ。牡蠣や海老の料理については様々な天才的な料理法を生み出した中国人も牡蠣フライと海老フライは考えつかなかったのだ。

　言うまでもなく、牡蠣フライも海老フライも外国では食べられない。まさに、日本の食べものなのだ。パン粉の衣をつけるところは西洋料理から学んだのだろう。だが、それをたっぷりの油で揚げるところは、日本の伝統料理天ぷらの技法だ。ところが、その天ぷら自体、江戸時代以前にポルトガルあたりから入ってきた料理法を日本人向けに改良したものだというのだから、洋食には、外国の文化を改良して我がものとする日本文化の特質が二重に重なっているのであって、昔から日本人は食い意地が張っていたのであるわいなとつくづく感心する。

　ご飯と良く合うことの他に、もう一つの洋食の特徴は大抵のものにソースをかけて食べることである。

しかし、この、日本人が使うソースという言葉がくせ者なんですな。西洋料理では、ソースとは一般に液体状の調味料全てを指す言葉であって、例えば、魚料理にはオランデーズ・ソース、鴨料理にはオレンジ・ソース（私は、この甘いソースを肉にかけて食べるのがとても苦手。西洋人の味覚が理解できない例の一つである）、肉にはドミグラ・ソースにマデラ酒を混ぜたソースなどと、料理によって材料も作り方も全く違った性質のソースを用いる。

ところが、日本人がソースというと、イギリス原産のウスター・ソースのことだ。ウスターとはイギリスの州の名前ウスターシャを日本風に短くしたもので、ウスター・ソースはもともとウスターシャ州原産のソースなのだ。（ついでながら、ウスターシャは現地語すなわち英語ではWorcestershireと書く。知らないとこれを、ワーセスターシャイアーなどと読んでしまうが、こう綴《つづ》っておきながら、実際はウスターシャと読めと言うのだからひどい話で、英語がろくでもない不完全な言語であることはこの一事で明らかだ。皆さんご存じのエディンバラ宮殿のエディンバラをどう綴るかというと、Edinburgh、と、こうなんですよ。呆れますね。綴りと発音が一致しない言語なんて、まともな言語ではない。こんな不完全な英語が、インターネットの拡大のせいで世界共通言語となろうとしている。ああ、人類の未来は暗《あん》澹《たん》たるものだ。それに比べて日本語の美しいこと。私は今オーストラリアに住んでいますが、私が親切に忠告してやっているのに、オーストラリア人は、美しくて完《かん》璧《ぺき》な言語である日本語をオーストラリアの国語にしようと言う意欲をちっとも見せず、英語でばかりしゃべっているので、私はうんざりしてもう日本へ引き揚げようと考えているのですよ。本当に英語って嫌な言語だなあ）

一体どう言う理由でこうなったのか分からないが、日本人にはウスターシャ・ソースがえらく口にあったんでしょうな。だから、これだけ日本中に広まってしまったのでしょう。とは言え、本物のウスターシャ・ソースと日本のウスター・ソースでは、大分味が違う。豚カツや海老フライに本家のウスターシャ・ソースをかけて食べてご覧なさい。物足りなくて気が狂いそうになりますぜ。しょっぱくて辛いだけで、こくが全くないのだ。（その代わり、ブラッディ・マリーと言うウォッカを使ったカクテルはウスターシャ・ソースを入れるが、この場合日本のウスター・ソースではべたべたして案配が悪い。イギリス製のウスターシャ・ソースでなければ駄目だ）

日本人はウスターシャ・ソースが気に入ったが、それだけでは満足せず、自分たちの好みにあった味に作り替えて、ウスター・ソース、あるいは単にソースと呼ぶことにして、大抵の洋食にじゃぶじゃぶかけることになったのだ。

さあ、食べとくれっ!!
「トンカツ大王」のロースカツ定食だっ!!

種子島の黒豚のトンカツ
●第11巻／第5話「トンカツ慕情」より

昔ながらの本当に美味しいトンカツ。サツマイモをたっぷり食べさせて育てた種子島の黒豚の最上肉を、黒豚の脂身で作る純粋なラードでカラリと揚げる。香ばしい香りが食慾をかきたてる。肉を噛みしめると肉汁が口中に溢れる。脂の甘味が舌の上で溶けて広がる。

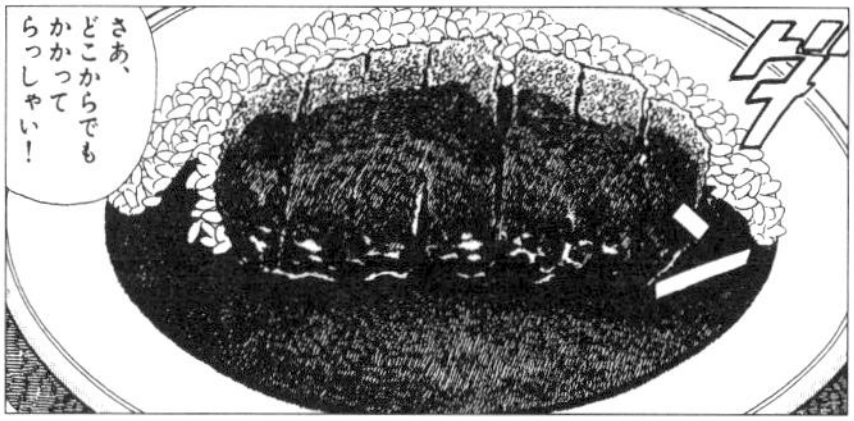
さあ、どこからでもかかってらっしゃい!

世界に誇るカツカレー
●第61巻／第6話「よくぞ日本人に生まれけり」より

富井副部長が推薦する日本代表の味、カツカレー。カツはもともと、フランスの料理のコートレットを日本の天ぷらの技法で洗練したもの。カレーも、もとをたどればインド料理だが、メリケン粉でとろみを出した黄色いカレーは日本だけのもの。そして異国の味を一緒にさせてしまったところが、日本人の英知の素晴らしさ。

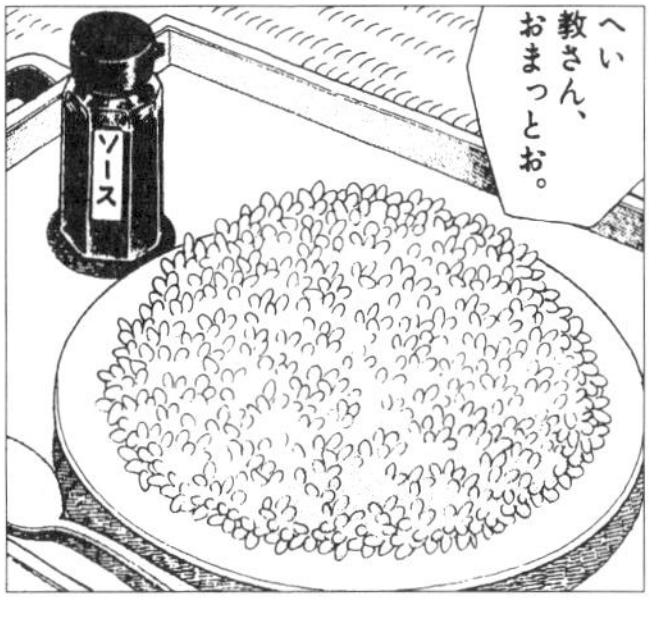
へい教さん、おまっとお。
ソース

ソーライス
●第30巻／第6話「恥ずかしい料理」より

建設会社の御曹司の意外な大好物は「ソーライス」。ウスターソースを飯にかけるだけ――ピリリと辛い味の下から甘い味が広がり、それが飯粒の甘味と混ざり合う――日本人ならではの味。

これが面白いことに、ちょっとしゃれたレストラン風の店では牡蠣フライや海老フライにはタルタル・ソースを添えて出したりする。しかし、洋食屋では断固としてウスター・ソースである。

ところで、私はフランスで豚カツなど見たこともないし、私だけでなく食通でフランスでの生活も長かった作家の獅子文六《ししぶんろく》も、「フランスでは絶対に豚カツは食べられない」と『私の食べ歩き』と言う本の中に書いているのだから、フランス人が豚カツを食べることはないようだ。しかし、ドイツにはシュニッツェルと言って日本の豚カツに似たものがある。イタリアでは子牛の肉が主だが、豚肉にパン粉の衣をつけて豚カツ風に仕上げることもする。しかし、ソースが違う。ドイツのシュニッツェルはグレイビー（肉汁）風のソースをかけるし、イタリアのカツレツはトマトとチーズのソースが定番である。

要するに、イタリアでも、ドイツでも、日本の豚カツに似たものはあるが、ウスターシャ・ソースを使わないのである。考えてみれば、ドイツ人も、イタリア人も自分たちの文化が一番だと思っているのだから、何が悲しくてイギリス産のソースを使わなければならないのか、と言うところだろう。

洋食の二つの特徴、一つはご飯とよく合うこと、もう一つは本家本物のウスターシャ・ソースでは絶対に駄目で、和風のウスター・ソースが重要な役割を担っていること。

これが、洋食が日本料理であることの、決定的な証拠であろう。ハンバーグだって、洋食屋のハンバーグの方が、アメリカのハンバーガーとか言うものより遙かに旨いし、豚カツも豚カツにとどまらず、カツ丼、カツカレーと進歩して行くし、ウスター・ソースは、ソース焼きそば、たこ焼きのたれ、お好み焼きのたれと発展して行くし、コロッケときた日にはそばの上に乗っけてしまうそば屋もあるくらいだ。

ええと、話がずれて何が何だか分からなくなりつつありますので、「こんなに美味しい洋食を食べられる日本人は幸せだなあ」、と本家の西洋人たちに感謝を捧げ、西洋料理を洋食にまで高めた先人に敬意を表して、本講の結びと致します。

日本の洋食❖全リスト

［79巻まで］

『美味しんぼ』に登場した洋食が大集合！
日本で誕生した西洋風料理をお楽しみください！

◆鮎のホイル焼き
◆スッポンのコンソメスープ
◆平戸牛のステーキ
第2巻　第4話「日本の素材」
◆ビーフステーキ
第3巻　第8話「肉の旨味」
◆好き嫌いを治すカツ丼
第4巻　第5話「食卓の広がり」
◆カレーライス
第5巻　第4話「スパイスの秘密」
◆ポークソテー
◆プレーンオムレツ
第6巻　第2話「卵とフライパン」
◆ハンバーガー
第9巻　第1話「ハンバーガーの要素」
◆種子島の黒豚のトンカツ
第11巻　第5話「トンカツ慕情」
◆鱈のカレー
◆厚揚げのカレー
◆お肉屋さんのコロッケ
◆牛の骨髄カレー
第12巻　第6話「日本風カレー」
◆トンカツのソース一夜漬け
◆洋風だし巻き玉子
第15巻　第7話「究極の裏メニュー」
◆牡蠣フライ
第16巻　第2話「洋食屋の苦悩」
◆わにのフライ
第17巻　第2話「エイと鮫」
◆ホンシメジの洋風ソテー
第20巻　第2話「山の秘宝」
◆豆腐とアボカドのディップ
第22巻　第2話「豆腐勝負!!」
◆ジャンボ・ロールキャベツ
第23巻　第1話「ジャンボ茶碗蒸し」
◆明治時代のカレー
◆関西風生卵カレー

◆カレーパン
第24巻　第1話「カレー勝負」
◆鰯のハンバーグ
第25巻　第5話「いわしの心」
◆一口コロッケ
◆薄切り牛肉オイル焼き
第27巻　第2話「究極の披露宴」
◆クリームコロッケ
◆蟹コロッケ
◆カレーコロッケ
◆ジャガイモコロッケ
第27巻　第3話「父のコロッケ」
◆湯葉のグラタン
第27巻　第6話「素直な味」
◆パリパリベーコンサンド
◆ベーコン鍋
第28巻　第1話「残されたベーコン」
◆白身魚のグラタン
第28巻　第2話「長寿料理対決!!」
◆鮭の洋風刺身の菊の花散らし
第30巻　第5話「鮭勝負!!」
◆ソーライス
◆バター醤油まぶしご飯
◆トンカツの皮
第30巻　第6話「恥ずかしい料理」
◆ホワイトソース仕立ての鍋
第31巻　第5話「究極VS至高 鍋対決!!」
◆豆腐のチェダーチーズはさみ揚げ
◆豆腐のステーキ
第32巻　第6話「新・豆腐勝負」
◆カレー南蛮
◆カレーパン
◆アンドーナツ
◆カツ丼
第34巻　第4話「魂の自由」
◆大根のステーキ
第35巻　第5話「おかず対決」

◆肉屋のジャガイモコロッケ
第36巻　第5話「日米コメ戦争」
◆クロコダイルのパイ包み焼きカレー風味
◆ゴアナ大トカゲのヤキトリ風
第37巻　第2話「激突 アボリジニー料理!!」
◆和風ピラフ
第37巻　第4話「本物志向 子供編」
◆ごま風味のフォワグラのテリーヌ
第39巻　第3話「ゴマすり」
◆シジミとレタスのサラダ
◆シジミのチャウダー
◆シジミのコロッケ
第39巻　第6話「長良川を救え!!」
◆海老すり身団子と厚揚げの洋風コンソメ
◆ツアージャン・スパゲッティ
第41巻　第1話「内助の手」
◆薄焼き卵入りのコンソメスープ
◆薄焼き卵入りの野菜スープ
◆パンケーキのコンソメスープ
第41巻　第2話「母のスープ」
◆カツカレー
◆卵の黄身とパンのコンソメスープ
第41巻　第3話「失恋気分」
◆うずら肉のミート・ローフ
第41巻　第6話「おせち対決」
◆ホタテのバター醤油焼き
◆ホタテのラビオリ
◆ホタテのグラタン
第42巻　第5話「無理な注文」
◆巣ごもり卵風ブレッド・スープ
第43巻　第3話「敗北宣言」
◆アジフライ
第43巻　第5話「食は人を表わす」
◆山岡士郎流サンドイッチ（牛肉の佃煮のそぼろ／サラミとレタス／平目の肝／ワサビの茎とシラス／キムチとタラコ／ピーナッツバターとチョコ／伊勢海老とトマト／牛肉味噌漬けと大根キムチ／北京ダック／アンズと梅）
第43巻　第6話「サンドイッチ作戦」
◆ハマグリのコロッケ
◆大根の味噌漬けのコロッケ
第44巻　第3話「心の傷」
◆マッシュルームのサラダ
◆マッシュルームのグラタン
第45巻　第1話「和解の料理」
◆甘いカレーライス
◆くず肉のハンバーグ
◆ヘンなポークチョップ
第45巻　第3話「まずいもの自慢大会」
◆しめサバのサンドイッチ
◆ごま入りかき餅 キャヴィアのせ
◆そばのトマトソース
第47巻　第1話「花婿の父」
◆ヒラメのグラタン
第48巻　第1話「家庭の味」
◆ハマグリのチャウダー
第49巻　第2話「われても末に……」
◆洋風弁当
第49巻　第4話「お弁当同盟」
◆はるさん流ローストビーフ
第51巻　第1話「再婚します！」
◆コンソメとトマトと紅茶のスープ
第52巻　第3話「究極のメニュー対金上」
◆新発明サンドイッチ各種（挽き肉と豆腐／海老と生椎茸と長ネギのオムレツ風／タラコペースト／牛の照り焼き）
◆アメリカン・サンドイッチ
◆ハムサンドイッチ

美味《おい》しんぼ塾

【第三章】よくぞ日本人に生まれけり

第54巻　第4話「父のサンドイッチ」
◆イカスミのスパゲッティ
第57巻　第3話「イカスミの愛情」
◆串カツいろいろ(青唐/ホタテ/マッシュルーム/牛肉と長ネギ/豚肉とタマネギ)
第58巻　第2話「串カツ論争」
◆鉄板焼きの牛ステーキ
◆ガーリックライス
第58巻　第4話「鉄板焼きの心がけ」
◆パンとベーコンと生ハムのニンニク炒め フライド・エッグのせ
◆オーシャン・トラウト
◆小鳩の低温調理
◆海原雄山流オーストラリアおせち料理(ウィチェッティ・グラブのポタージュ/蒸しキング・クラブ/蒸しアワビ/ラムの刺身/牡蠣の炒めもの/蓮根、大根、ニンジンの酢の物)
◆山岡士郎流オーストラリア弁当(エンドウ豆の炊き込みご飯/シマアジのしめたもの/野菜のテリーヌ/エミューの生ハムのサラダ/ザリガニのニンニク風味バター焼き/赤飯まんじゅう)
第59巻　第2話「対決再開!オーストラリア」
◆マッシュルーム・パイ
第60巻　第2話「居酒屋、新メニュー!?」
◆牛肉の南蛮揚げ
第61巻　第1話「猫とかつお節!?」
◆世界に誇るカツカレー
第61巻　第6話「よくぞ日本人に生まれけり」
◆牛すね肉の赤ワイン煮込み
◆松坂肉のステーキの落としで作ったミート・パイ
第62巻　第3話「低予算披露宴 対決!」

◆ヒメジのバター焼き
◆さやいんげん煮のバターがけ
第63巻　第1話「バターと醤油」
◆ジャガイモとリークのポタージュ
第63巻　第3話「ゼロからの出発」
◆空豆のスープ
第63巻　第4話「東西新聞の危機」
◆加茂茄子フォアグラはさみ揚げ
第65巻　第4話「ナスで仲直り!?」
◆甘鯛とカブの茶碗蒸し トリュフ風味
◆トリュフの土瓶蒸し
第65巻　第6話「美食倶楽部入門への道!!」
◆牡蠣のオムレツ
第66巻　第6話「競馬で本年を占う!!」
◆ジャガイモグラタン
◆カレーイモ
◆ジャガイモのバター煮
第67巻　第2話「ジャガイモ嫌い!!」
◆カブのコンソメ煮込み
◆ジャガイモのホワイトソース
◆ピザ風食パン
◆一口コロッケ
第68巻　第4話「夫の愛、義父の愛……」
◆トンカツの海苔巻き
◆コロッケおにぎり
第68巻　第7話「究極の産後食!?」
◆生焼けステーキ
◆海老フライ
◆ホタテフライ
◆メンチカツ
◆コーンスープ・タピオカ
第69巻　第2話「浮気計画!?」
◆豊後牛の温泉蒸し
◆ギョロッケ
◆黄飯
第71巻　第1話「日本全県味巡り大分編」

◆鯨のカツ
◆ハムカツ
第71巻　第3話「がんばれ日本夕食会」
◆イカのコロッケ
第72巻　第7話「機械ぎらい」
◆チーズを使った日本人のためのフルコース(里芋のロックフォールのせ焼き/ジャガイモのラクレットのせ焼き/径山寺味噌をのせたエダム/ウニの塩辛を塗ったレッドスター/ネギ味噌を塗ったパルミジャーノ・レッジャーノ/チーズコロッケ)
第73巻　第1話「チーズ対決!!」
◆ビーフシチューうどん
◆パルミジャーノ・レッジャーノ混ぜ鰹の塩辛
◆ロックフォールのせ煎餅
◆焼き塩鮭のマヨネーズ和え
◆中華風ミートスパゲッティ
◆うなぎのパイ
第73巻　第2話「和洋中混淆料理自慢大会」
◆フカヒレ入りポーク・リエット
第75巻　第2話「日本全県味巡り宮城編」
◆辰さんのなんでもライス
第75巻　第4話「命名騒動!?」
◆野菜のプディング入り八百屋のスープ
第76巻　第5話「父のスープ」
◆ポテトサラダ
◆海老フライ、牡蠣フライ、一口カツの盛り合わせ
第78巻　第3話「ワイン大作戦!?」
◆巻き海老のバルサミコ酢とすりごま和えのカイワレのせ
◆芽キャベツ、ジャガイモ、ベーコン、タマネギの牛乳煮

第79巻　第1話「野菜知らず」
◆アサヒガニの「ああうまい」
◆海の幸のグラタン
第79巻　第6話「美味しさの焦点」
◆タイの南蛮仕立て
第79巻　第7話「試練の鯛料理」

日本の洋食

第七講◆

米について

米は大変に危険な食べものである。

どうして厚生省が、このような危険な食べものを野放しにしておくのか解せないことだ。米は農水省の管轄だから、厚生省は口を出せないと言うのだったら、こんなところにも、日本の縦割り行政の弊害が我々日本人に害をなしているのだと私は声を大にして言いたい。

一体全体、米の何が危険かと言うと、まず第一に、その習慣性が強烈であることだ。

一旦習慣性がつくと、それを取らないと精神的にも肉体的にも異常を来す。それが手に入らないとなると、人間としての正気を失う。それを手に入れるためには何でもする。

ヘロイン、覚醒剤、コカイン、ニコチン（煙草）、これらいわゆるドラッグは習慣性が極めて強いものだが、（言っておくが、煙草はれっきとしたドラッグである）

米はそのようなドラッグのたぐいよりもっと強力な習慣性を持っている。その証拠に、日本人であればヘロイン中毒患者でも、コカインの中毒者でも、米の飯を食べるが、大飯を食らう人間の大半は、ヘロインも、覚醒剤も、コカインも取ることはない。これだけでも、米の習慣性の強いことが分かるだろう。（こういうのを屁理《へり》屈《くつ》と言う。驚いたか）

日本人は、米の飯を食べないと力が出ないと言う。

これは有名な話だが、明治初期まだキリスト教が禁教だったとき、長崎で切支丹《きりしたん》（キリスト教徒）の迫害があった。捕らえられた切支丹は激しい拷問を加えられ、キリスト教を捨てるように迫られた。宗教の力は大変なもので、叩いたり、吊したり、生爪をはいだりしても棄教しない。ところが、食事の量を減らしたら、どんな拷問にも耐えた切支丹たちが次々に棄教したと言う。一体どれだけの量で参ったかと言うと、一日白米三合である。一日一升飯を食べることになれていた切支丹たちは三合では足りなかったと言うのだ。こうなると、日本人にとっては宗教より米の方が大事と言うことになる。マルクスは宗教は阿片だと言ったが、マルクスが長崎のこの切支丹の話を知っていたらなんと言っただろう。（しかし、三合で足りないのかなあ。私なんか一日半合も食べないけれどなあ）

実際のところ、日本人の米に対する執着の強さは度を超えている。昔の大名の家格はその領地の米の生産高で決まった。江戸時代一口に大名と言っても、一万石以上九万石までを小藩、十万石以上三十九万石までを中藩、四十万石以上を大藩とした。大名の格は、官位、領土、家格、職格の順で決まったが、やはり石高は決定的で、正月に江戸城に出仕する際に、同じ外様大名でも大藩の者は大広間、十万石以下のものは柳の間、と石高で席次が決められていたのである。

世界中で、その家格を穀物の生産高で決めた封建領主は日本の大名くらいのものだろう。イギリスのウインザー公が小麦十万ブッシェルの禄高だなどと言うのは聞いたことがない。日本人にとって米は昔から単なる食べもの以上のものだったのだ。

大体、主食、副食などと言う概念も日本独自のものだ。その場合、主食はあくまでも米でなければならない。今でこそ、パンやうどんも大きな顔をしているが、昔は代用食と呼ばれて肩身の狭い思いをしていたのだ。米の代用というわけだ。副食、要するにおかずは主食である米の味を引き立てるためのものとして「副」などと屈辱的な呼び方をされてきたのである。従って日本の料理は米の飯と一緒に食べてちょうどよい塩味になるように作られているから塩分が多い。最近は欧米で日本食は健康食だともてはやされているが、それを聞く度に、それは違うと私は異見を唱えることにしている。日本食は、塩分摂取過多になる。つい最近まで、日本人の死亡原因の第一位は脳出血だった。塩分摂取過多による高血圧のせいである。日本人に

ええ、おなじみ梅オカカです。

鰹の塩辛（上）
梅オカカ（中）
ネギミソ（下）

●第16巻／第6話「飯の友」より

米の飯を美味しく食べさせる「飯の友」三品。鰹の塩辛は西伊豆・松崎の15年もの。自家製梅干を叩いて鰹節と練った梅オカカは、飯に少しのせて焼き海苔で巻いて食べる。ネギミソは、無農薬大豆の味噌の三年ものに長ネギのみじん切り、鰹節を山ほど入れて混ぜて一日置いたもの。

たたみ鰯と海苔のご飯（左）
油揚げと釜揚げシラスと大根下ろしご飯（下）

●第61巻／第5話「新入社員のお手柄!?」より

こんがりあぶって小さくちぎったたたみ鰯と、酒と醤油だけでさっと煮たばかりの海苔をたっぷりご飯にのせる。網焼き油揚げを5ミリ幅に切り、さっと蒸して温めた釜揚げシラスと混ぜてご飯にのせ、大根下ろしを添える。「日本人に生まれてよかった」と喜びの声を上げる二品。

これをご飯の上にたっぷりのせて、
大根下ろしを添えて……はい、できあがり。

胃ガンが多いのも、高塩分のものと一緒に腹がはじけるほど米の飯を食べるからではなかろうかと、私は素人考えを抱いている。ここにも米の危険性がある。

米を主食、おかずを副食というのは、若い者の食事の態度を見ているとよく分かる。私の甥《おい》などは、おかずを一口口に入れると飯を一気に茶碗半分くらい頬張る。私は見るに見かねて、「飯ばかり食べるんじゃない」と叱《しか》ってしまう。私は、おかずをもっと食べろ、と言う親切心から言っているのだが、日本語では、米を炊いたものも、食事自体も「飯」と言うので、私がそう言うと何だか甥に食事をろくに与えない意地悪な伯父、と言う感じがして大変に困る。

大体、この米を炊いたものも、食事一般も飯と呼ぶところにも日本人が如何《いか》に米を偏愛しているかが表れている。日本では、朝飯、晩飯と言うが、英国で、モーニング・ブレッド、イブニング・ブレッドなどと言うのは聞いたことがない。日本人は米がつかないと食事とは思えないのである。

私の父が若いときに同僚と出張に行ったときのことを話してくれたことがある。前の晩は宴会で、大酒を飲みぐっすりと寝ての翌朝、宿の者が朝食の支度を始めると、父の同僚は、父とは別に自分のためにだけおひつを一つ余計に持ってくるようにと言った。言われたとおりに宿の者がおひつを父の同僚の横に置くと、その男はいきなりおかずもなしでご飯だけを猛烈な勢いで食べ出した。父が呆気《あっけ》にとられて見ているうちに、その男はおひつ一つを食べ尽くし、新たにおひつをもう一つ持ってこさせ、今度はおかずを添えて、じっくりと食べて二つ目のおひつも空にした。その話をする度に、父はため息をついて「世の中には凄《すご》い人間がいるもんだよ」と言ったものだ。

日本人の凄いところは、何にでも米の飯を合わせてしまうことである。カツレツ、ビフテキ、オムレツ、コロッケ、こういうものを米の飯と一緒に食べてしまおうというのだから、実に節操がない。（とても、美味しいけれど）

もっとも、米の味を覚えてしまうと何にでも合わせたくなるのは日本人だけではないようだ。あるとき、私は銀座のレストランで、西洋人の男が、マカロニ・グラタンをおかずに飯を食べているのを見て驚いた。マカロニ・グラタンライスとはさすがの私も思いつかなかったな。いやはや、西洋人までとりこにしてしまうのだから、米の魔力は恐ろしいものではないか。

大学のときに、私の同級生の一人が、「お前は本当にいい奴だがラーメンライスの食べ方を知らないのが欠点だ、教えてやるから来い」、と言って、私は大学の近くのラーメン屋に連れて行かれたことがある。ラーメンとどんぶり飯を注文すると、その男は、私に見本を示しながら食べ始めた。「いいか、まず、ラーメンを一口、同時に飯を一口、そしてラーメンのスープを一口、そこで一気に噛め。どうだ、旨いだろう」その男は熱狂的に、すさまじい勢いで私にラーメンライスの手ほどきをしてくれたのである。ただ、その男には悪いが、私が、ラーメンライスを食べたのはそのときが最初で最後だった。その男は東海村の原子力研究所でプラズマの研究を続け、今は東京工業大学で物理の教授をしているが、今でも学生にラーメンライスの食べ方の良し悪しで点数を付けているのでなかろうか。

私はラーメンライスも苦手だが、餃子と一緒に飯を食べるのだけは許せない。私は北京の生まれで、私の家では昔からよく餃子を作った。それも水餃子で、一人で二十個、三十個とただひたすら餃子だけ食べるのである。私は餃子は水餃子だとばかり思っていたから、高校生になって、町の中華料理屋で焼き餃子を見たときには驚いた。もっと驚いたのは、ほとんどの人が、その焼き餃子をおかずにしてご飯を食べることである。私も試してみたが、腹が立って一度で懲りた。一体、これは何であるか。餃子に対する冒瀆《ぼうとく》ではないか。餃子は完全食である。肉と野菜のたっぷり入った中身を、小麦粉の皮で包む。タンパク質、脂肪、野菜、でんぷん、一食に必要な物が全てそろっている。餃子はそれ自体独立した完成品である。餃子だけを食べなければ餃子の真価は分からないのだ。餃子を食べるのに飯を一緒に食べるなんて、デートに弟を連れて行くようなものじゃないのか。

と、こんなに、私が餃子と飯を一緒に食べることに反感を持っていると言うのに、

冷や酒とにぎりめし(上)
焼きむすび(左)
●第26巻/第7話「猿蟹合戦」より

食い道楽の美術蒐集家も納得させる二食。にぎりめしに冷や酒の組み合わせは、抗うことが出来ないほど相性が良い。細切りにした大根の味噌漬けが入った焼きむすびからは、味噌の良い香りが香ばしく立ちのぼり、冷や酒にうまく合う。

海苔とご飯の美味しい食べ方
●第27巻/第1話「本当のご馳走」より

香ばしくパリッと焼いた海苔は、風味と歯ざわりを失わずに食べたい。できるだけ海苔とご飯の間に隙間を作るように巻き、醤油は海苔の端に少しだけつける。

私の子供たちはどこかからその悪習を身につけてきてしまって、我が家で餃子を食べるときに飯を食べるのである。子供たちは「餃子と一緒にご飯を食べると本当に美味しいのに、その味を知らないお父さんは可哀相ね」などと、私が制止するのを全く無視する。これでは親の面子《メンツ》は丸つぶれではないか。責任者、出て来い！

あ、それは私か。

この、「米食べたがり病」は日本人の国民病であり、治癒不可能のものだが、それも米が美味し過ぎるからである。米さえあれば他に何にも要らないと言う日本人は多いし、持ち帰り弁当屋も銘柄米を使っていることを自慢して客を引き寄せる。

特に、戦後の食糧難の時代には米に対するあこがれが強かった。米は配給によってそれも質の低いものがほんの僅か回ってくるだけだったのである。

戦後すぐ、私の父は、石炭会社に勤めていたが、経理部なので、炭鉱に入って働く人たちより配給米が少なかった。実際に石炭を掘るのは重労働なのでその人たちに優先的に配給されたのである。当時のことだから、毎日弁当を持って行く。

父は、一応役職に就いていたので、みっともない弁当は持って行けない。当然、米の飯を弁当箱に詰めていく。しかし、それでは、私たち家族に米の飯は回ってこない。毎朝、母は父の弁当を作ると、鍋についているお焦げを集めて小さなおにぎりを作ってくれる。それを私たち兄弟は塩だけつけて食べる。そのにぎりめしの美味しかったこと。その味は死んでも忘れない。もう一つ忘れられないのは、母はそうしてにぎりめしを子供たちに与えながら、自分はふかしたサツマイモの尻尾を食べていたことである。(このことは、美味しんぼの中で、小泉局長の思い出として書いた)

米は美味しい。しかし危険だ。

私の心の中には、米に対する愛憎の葛藤《かっとう》があるのである。

米《こめ》料理◆全リスト [79巻まで]

『美味しんぼ』に登場したご飯とおかずが大集合！
日本人の心、ほっかほかの感動を味わってください！

◆山形県余目の庄内米ササニシキの飯
第1巻 第4話「平凡の非凡」
◆スッポンのまる鍋の雑炊
第3巻 第3話「土鍋の力」
◆鮒寿司のお茶漬け
第5巻 第5話「臭さの魅力」
◆美味しいご飯の炊き方
第5巻 第8話「もてなしの心」
◆タイの茶漬け
第6巻 第8話「究極の作法」
◆ユィーピンチョ(魚片粥)
第8巻 第1話「飲茶」
◆天ぷらとご飯をうまくするぬか漬け
第8巻 第6話「二代目の腕」
◆うずめめし
第9巻 第8話「新妻の手料理」
◆ウバ貝の雑炊
第10巻 第9話「乾物の滋味」
◆美味しいおカユ
第12巻 第1話「暑中の味」
◆玄米食
◆本当の意味の有機農法米
第12巻 第4話「玄米VS白米」
◆宍道湖のシジミおこわ
第14巻 第9話「椀方試験」
◆湯豆腐の残りかけご飯
第15巻 第7話「究極の裏メニュー」
◆米の保存方法と精米
第16巻 第4話「生きている米」
◆飯の友(鰹の塩辛／梅オカカ／ネギ味噌)
第16巻 第6話「飯の友」
◆わに茶漬け
第17巻 第2話「エイと鮫」
◆トコブシご飯
第17巻 第5話「海のマツタケご飯」
◆ザーサイと雲南茶のお茶漬け
第20巻 第1話「奇妙な皿」
◆七草ガユ
◆牛肉そぼろガユ
◆浜納豆ガユ
◆キャラブキとアサリの佃煮ガユ
◆昆布の佃煮ガユ
◆「瓢亭」の朝ガユ
第21巻 第1話「穏やかな御馳走」
◆ヒラメと豚の肉団子入り中国式おカユ
第21巻 第2話「及第ガユ」
◆〝飛騨名物〟、朴葉味噌と白菜の漬物と白い飯
第21巻 第5話「挑戦精神」
◆キュウリのぬか漬けとにぎりめし
第21巻 第8話「日本の根っこ」
◆大根おろし飯
第22巻 第2話「豆腐勝負!!」
◆本物の梅干しとおにぎり
第23巻 第3話「梅干しの雨」
◆冷酒とにぎりめし
◆焼きむすび
◆揚げだしむすび
第26巻 第7話「猿蟹合戦」
◆海苔とご飯の美味しい食べ方
第27巻 第1話「本当のご馳走」
◆青豆の炊き込みご飯
◆タケノコご飯
◆ヨモギご飯
第27巻 第2話「究極の披露宴」
◆栗飯
◆サツマイモ炊き込み玄米ガユ
第28巻 第2話「長寿料理対決!!」
◆ラーメンライス
第29巻 第1話「フランス料理とラーメンライス」
◆銀杏ご飯
第29巻 第7話「「究極」の弱点」
◆キャビアの茶漬け
第30巻 第2話「成り上がり」
◆イカメシ
第30巻 第4話「イカメシ」
◆ソーライス
◆バター醤油まぶしご飯
◆大福もち茶漬け
第30巻 第6話「恥ずかしい料理」
◆新潟産コシヒカリ
◆山形の香り米
◆宮城産ササニシキ
◆高知の香り米
◆カラスミとコノワタの大根はさみ
◆大根のステーキ
◆塩鮭のそぼろ聖護院大根包み
◆ぬか漬け大根おろし鰹節だれ
第35巻 第5話「おかず対決」
◆カリフォルニア米のにぎりめし
◆日本米のにぎりめし
◆鮒寿司と純米酒
◆鰯のぬか味噌煮
第36巻 第5話「日米コメ戦争」
◆和風ピラフ
◆五目ご飯のおにぎり
第37巻 第4話「本物志向子供編」
◆長良川のシジミの炊き込みご飯
第39巻 第6話「長良川を救え!!」
◆サツマイモの炊き込みご飯
◆シメジの炊き込みご飯
◆アジの混ぜご飯
◆中華風炊き込みご飯
◆鮭の炊き込みご飯
◆ひじきご飯
◆栗ご飯
第40巻 第4話「混ぜこぜ禁止令」
◆鮭チャーハン
第42巻 第1話「男子 厨房に入る」
◆だしあんかけガユ
◆干物(アジ／クサヤ／カマス／イボダイ／鰯丸干し)
◆佃煮(椎茸昆布／マツタケ昆布／ふきのとう／山椒の実)
◆豆腐の味噌汁
◆焼き海苔
◆大根のぬか漬け
◆ほうれん草のおひたし
◆ゆで卵
◆梅干し
第42巻 第4話「愛ある朝食」
◆ホタテご飯
第46巻 第2話「牡蠣の旬」
◆海老の天巻き
第46巻 第4話「究極の新居」
◆芋ガユ
第48巻 第1話「家庭の味」
◆ニラ雑炊
第48巻 第4話「缶づめと赤ちゃん」
◆タイ米のご飯
第49巻 第1話「タイ米の味」
◆牛肉の味噌漬け弁当
◆中華弁当
◆洋風弁当
第49巻 第4話「お弁当同盟」
◆海苔の佃煮とだしあんかけご飯
第52巻 第4話「副部長解任!?」
◆シラスご飯
第53巻 第8話「「はんぺ」の味」
◆本物のキリタンポ鍋
第56巻 第3話「恋のキリタンポ」
◆ガーリックライス
第58巻 第4話「鉄板焼きの心がけ」
◆水と天然塩とおむすび

第59巻　第1話「マルチメディアと食文化」
◆エンドウ豆の炊き込みご飯
◆赤飯まんじゅう
第59巻　第2話「対決再開！オーストラリア」
◆水かけ冷やご飯
第60巻　第4話「水　対決」
◆油揚げと釜揚げシラスと大根おろしご飯
◆たたみ鰯と海苔のご飯
第61巻　第5話「新入社員のお手柄!?」
◆生卵かけご飯
◆飯盒で炊いたご飯
◆鯨の大和煮とご飯
◆ワサビ漬け納豆ご飯
◆タイの皮とご飯
◆おじや
◆マツタケご飯
◆冷えた味噌汁と冷や酒と冷や飯
第61巻　第6話「よくぞ日本人に生まれけり」
◆カブの玄米詰め
◆貧乏ちらし
第62巻　第3話「低予算披露宴　対決！」
◆牛肉のそぼろガユ
◆天神様の梅茶漬け
第63巻　第4話「東西新聞の危機」
◆ひじきご飯
第64巻　第4話「食欲不振の治療薬!?」
◆勝ち栗のおこわ
第64巻　第7話「武芸の道」
◆美味しいご飯
◆牛乳煮ライス
第64巻　第9話「ご飯の炊き方大論争!!」
◆オージー・ビーフの牛蒸籠
第65巻　第1話「オーストラリアの危機」
◆ザーサイのライムしょっつる風味ガユ
第65巻　第2話「料理人の幸福」

◆中華海鮮おこげ
第68巻　第3話「待望の赤ちゃん!!」
◆高菜のおにぎり
◆コロッケおにぎり
◆デザートおにぎり
第68巻　第7話「究極の産後食!?」
◆吉野の鶏めし
◆さつまご飯
◆かやく黄飯
◆魚の刺身の茶漬け
◆関アジの琉球
◆豊後牛のうれしの琉球
第71巻　第1話「日本全県味巡り大分編」
◆ホッキ飯
◆ずんだ飯
◆ワカメ飯
◆大根飯
◆フカヒレ飯
◆もずく蟹飯
第75巻　第2話「日本全県味巡り宮城編」
◆牡蠣の唐揚げのキムチ包み飯
第75巻　第4話「命名騒動!?」
◆新百合根ガユ
◆茶ガユ
第77巻　第5話「日本全県味巡り大阪編」
◆小米のカユのざざ虫佃煮のせ
第79巻　第2話「挑戦！珍素材!?」
◆パエリア
第79巻　第4話「適材適所!?」

第八講◆どんぶりって…

読者諸姉諸兄におかれては、新妻・どんぶり物語と言うのをご存じですか。

これは私の父が話してくれたのだが、まあ、聞いてください。

私の父の友人が大変な美人と結婚した。楚々《そそ》たる美人で、上品で、優雅で教養もあって、まことに申し分がない。その上、大変な小食で、いつも、父の友人の三分の一も食べない。父の友人は、「ああ、世の中にはこんな気品のある女性もいたんだ。この小食と言うところが、また上品だ。それに比べると、自分が下品な大食漢に見えて恥ずかしい。何にしても、こんなに優雅で教養があって小食な美人を妻に持つことができたなんて、私はなんと幸せなことだろう」と、日夜感涙にむせんでいたそうだ。

で、ある日、会社勤めの父の友人はいつもどおりたっぷりの朝食を済ませて家を出た。新妻は相変わらず小さな茶碗に半分も食べない。

一旦家を出た父の友人は駅まで行って忘れ物をしたことに気がついた。慌てて、とって返して家に戻って居間に入ると、そこには新妻がおひつを抱え、どんぶりに山盛りのご飯を、ざっぱ、ざっぱと掻き込んでいた。

と言う話なんだが、どうも、これは所謂《いわゆる》「都市伝説」の類なのではなかろうかと、今になって私は思う。私は、嘘はもちろん、冗談の一つも言えない、自分でも困るほどくそ真面目な性格だが、父ときたら私と違って、作り話で人をかついだり、嘘八百の冗談で家族を笑わせたりするのが好きだったから、この話も父の友人の話ではなく、すでに「都市伝説」として流布していた話を、自分の友人の話として私たちに面白おかしく話したのではないかと疑っているのである。

それはともかく、この話の鍵はどんぶりである。

これが、ふつうのご飯茶碗だったら、大して面白くない。楚々とした美人の新妻とどんぶり、この取り合わせが利いてくるのだ。それも、できたら、場末の潰《つぶ》れかけたそば屋で、死ぬほどまずいカレー南蛮か何か出すのに使う、口の上の部分がちょいと外側にそり返っていて、薄汚いネズミ色の地に安物の釉薬《うわぐすり》で、梅の花なのか猫の足跡なのかさっぱり分からないけれど、描いた本人に才能とやる気が全くないことだけは分かると言う上絵らしきものを描き殴ったどんぶりがいいと思う。

そんなわけで、どんぶりは上品な印象を与えるものとは言いかねる。音の響きも、いささか問題がありはしないか。「どん」ときてから次に「ぶり」とくる。実に厚かましい。遠慮というものがない。

大体、あんな大きなものでご飯を食べようと言う了見が浅まし過ぎないか。ここに、十人の人間がいるのに、おひつに一杯しかご飯がないとする。そう言う状況で、みんな普通の大きさのご飯茶碗によそおうとしているところに、どんぶりを持った人間が最初にどんぶりに山盛りにご飯をよそってしまったら、後の人はどうなる。思いやりがない。身勝手だ。意地汚い。しみじみ情けない。

これで、どんぶりについてはっきりしたのは、ほかの人より、沢山ご飯を取りたいという下品な根性が、あの、姿形大きさにまる出しになっていると言うことだ。しかも、それについて、全然反省の色がどんぶりにないのはどう言うわけだ。

全く、どんぶりと言うのは、食器として救いのない下品な代物だと思えてしまう。ところがだ、お立ち会い、ご飯だけよそったら許し難いほどみっともないどんぶりなのに、そのご飯の上に何か乗せたら、突然、世にも愛すべきものに姿を変えるのは、世界の七不思議を八不思議に変えるものではないだろうか。

試みに、どんぶり飯の上にうなぎの蒲焼きを乗せてみよう。

おお、するとどうだ！

あの浅ましいどんぶり飯が「うなどん」と言う、光り輝くご馳走に変わってしまったではないか。

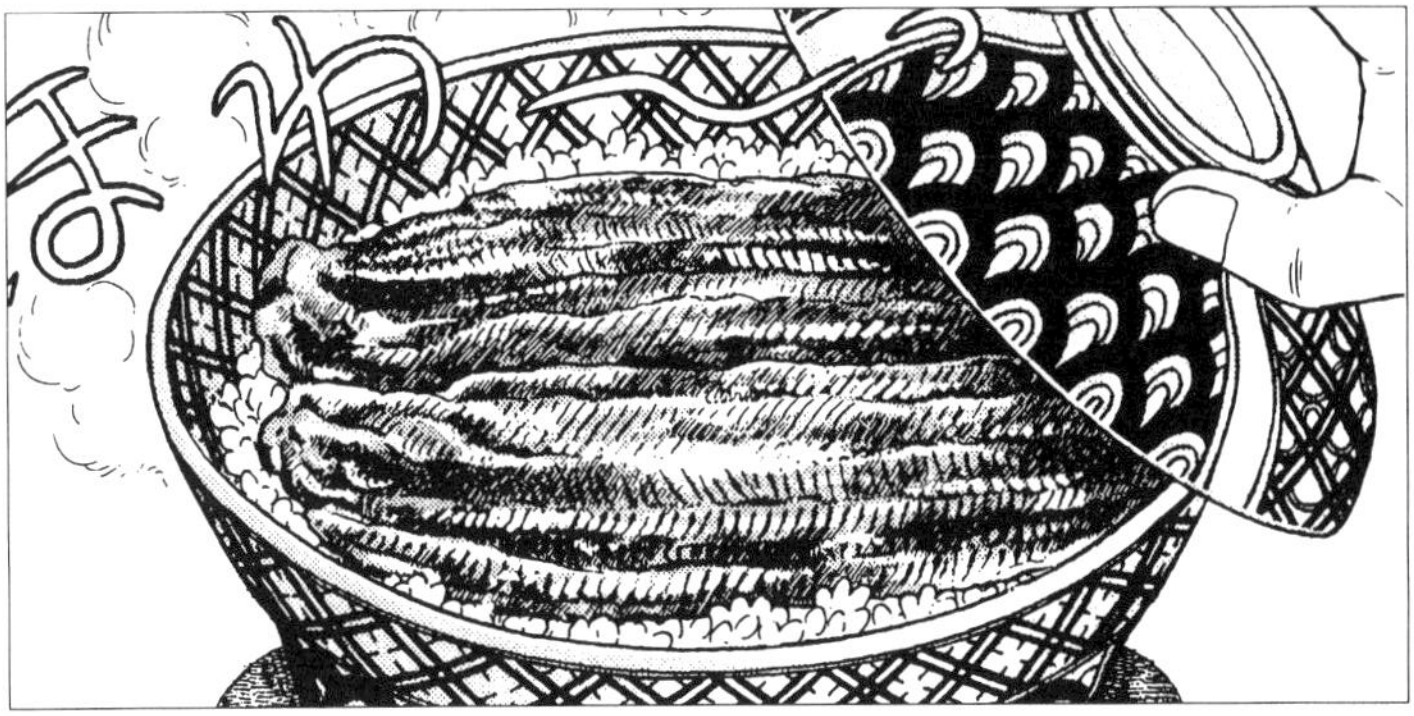

うな丼

●第18巻／第4話「丼の小宇宙」より

うなぎはうな丼に限るね、うな重なんてカッコだけだよ——とは富井副部長の大断言。丼の方が、ご飯が厚く盛られて熱いから、鰻も熱々のまま食べられる。ご飯と鰻が別々では、上品に見えるが味は淋しい。

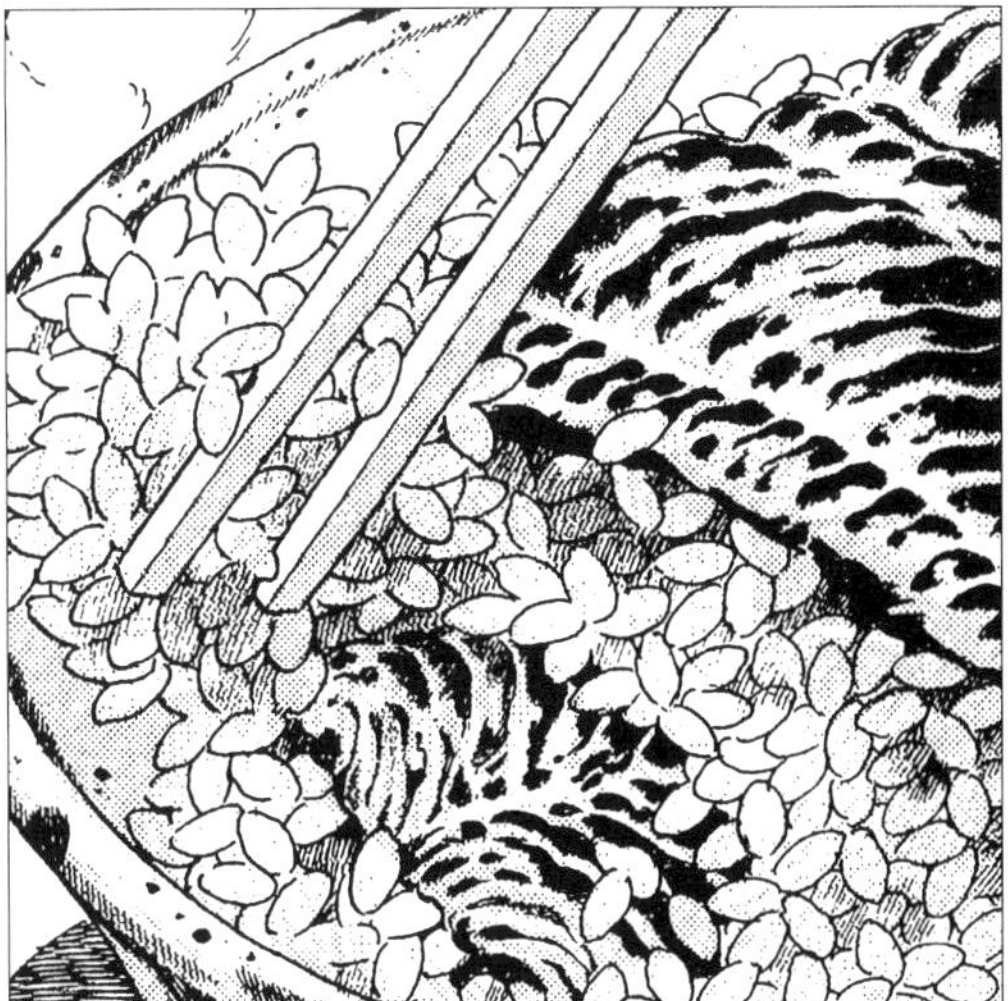

まむし

●第77巻／第5話「日本全県味巡り大阪編」より

大阪のうな丼「まむし」。東京のうな丼と違い、飯の中にも鰻が入っている。大阪ではうなぎを蒸さずに焼くだけなので、表面はぱりっとしている。これを飯の間に埋めると、熱い飯で蒸されて柔らかくなる。また、たれがしみた飯も美味しい。飯に“まぶす”のがなまって“まむし”になったと言う説もある。

「うなどん」だぞ、お立ち会い。よだれがほとばしる。体が震える。ははーっ、とひれ伏したくならないか。

私が学生のころ、渋谷に百五十円でうなどんを食べさせる店があった。（今でも、繁盛しているのを最近確かめた。めでたいことである）ただし、三十年以上も前のこととは言え、百五十円は百五十円で、うなどんにとってはあまり名誉ある値段とは言えなかった。それもそのはずで、花札より小さいくらいのうなぎが二切れご飯の上に乗っていて、うなぎの占める面積より、露出しているご飯の面積の方が遙かに大きいのである。しかも今にして思えばあのうなどんには蓋《ふた》がなかった。いきなり裸のうなどんである。これもうなどんとしては、はなはだ不名誉なことではないか。しかし、繰り返すが百五十円だ。蓋の有無やうなぎと露出しているご飯の面積の釣り合いについて文句を言うのはあまりに市場原理をわきまえなさ過ぎだと私は理解した。

その店に私を連れて行ってくれたのは大学の同級生で、その男は、感動に震えつつ、その百五十円のうなどんを食べながら、「おれは、これを食べているとき、生きてて本当によかったと思うんだ」と言った。

今、こうして、そのときの同級生の言葉を思い出し、つらつら考えるにつけ、東京大学から大人物が生まれない理由がよく分かる気がするのがとても悲しい。

話を元に戻して、そのうなどんがらみで、今度は突然、どんぶりの名誉回復をしてやることにする。

世の中には、うなどんと、うな重と言う二つのものがある。で、基本的には、うな重の方が高級とされている。値段も高くつけてありますな。ところがだ、横浜の老舗《しにせ》のうなぎ屋で、うなぎはうなどんでなければならないと頑《かたく》なに主張し続けている店がある。焼き立ての蒲焼きを、炊き立ての熱いご飯の上にどかっと乗せるから美味しいのであって、それにはどんぶり飯でなければならない。重箱に薄く平らに入れたご飯では、ご飯が冷めるから迫力が失せてしまってうなぎの味が出ないと言うのである。

まことに、お説のとおりで、うなどんとうな重とを比べてみれば、絶対にうなどんの方が旨い。ただ、どう言うわけか、うなどんより、うな重の方がうなぎが大きい。私は、欲張りなので大きいうなぎを食べたい一心で、うな重にしてしまう。本当は、うなどんの方が美味しいんだけどなあ、とぼやきながら。

さらに、どんぶりの名誉回復をはかってやろう。

ここに鶏の肉があるとする。ネギもある。ちょうどよい具合に取ったただしもある。新鮮な卵もある。それで鶏肉を煮てみようと思うのは自然の成り行きだ。で、最後に卵を割り入れて卵とじ風にする。これも、誰でも考えることだ。そのまま食べれば美味しい。確かに美味しい。しかし、それでいいのか。

そうじゃないだろう、皆の衆。

それを、どんぶり飯の上に乗せてごらん。あっという間に、「親子どんぶり」が出来上がるじゃないか。

この、「親子どんぶり」の凄いところは、ただの鶏肉料理がご飯の上に乗った時点で、料理としての様相を変えてしまうことだ。鶏肉とネギを煮て、それを卵でとじただけだったら、ただの鶏肉ネギ煮込み卵とじ料理だ。それはそれで美味しい。しかし、それを、どんぶり飯の上に乗せたときのような感動が得られるか。得られません。

私は断言します。

試しに、鶏肉ネギ煮込み卵とじを、茶碗に取ったご飯と一口ずつ別々に食べてご覧なさい。あなたの口から出てくる言葉は、「あれま」、ただそれだけのはずだ。「親子どんぶり」のあの蠱惑《こわく》的な味わいが失せて、ただの平凡なご飯のおかずになってしまい、少しも心を騒がすところがない。

まだあるぞ。あの「カツどん」と言う奴だ。

私の連れ合いの母親は、自分の末娘が私というやくざな物書きと結婚したばかりに、最後の二十年間を私たち一家と暮らさなければならなかった。一緒に暮らすよ

親子丼

●第29巻／第5話「親子のきずな」より

優しくてほっとする味の親子丼。自然養鶏の健康な鶏肉と卵でさっと作る。鶏肉の火の通し方、卵の半熟具合が美味しさの決め手。三つ葉をのせるのも嬉しい。

つくね親子丼（上）
親子カツ丼（右）

●第63巻／第4話「東西新聞の危機」より

変わり親子丼二品。つくね親子丼は、鶏肉のぶつ切りの替わりに、鶏肉の胸肉と山芋と卵の黄身で作ったつくねを使う。ふっくら柔らか、優しく上品な美味しさに。親子カツ丼は、トンカツではなくチキンカツを使ったカツ丼。親子丼よりこくがあって、カツ丼よりあっさりしている。

うになって数年経って、何かの拍子に「カツどん」の話になったとき、義母は「私は、『カツどん』などと言うものは、普通の家庭の女性が食べて良いものだとは思っていませんでした」と言ったので、私はうろたえた。

では、「カツどん」はどんな人間の食べるものだと思っていたんですかと私が尋ねると、義母は率直に自分の考えを述べてくれたが、それをそのままここに記すと、たちまち私が、闘争的人権擁護団体の攻撃の的になること必須なので、勇気のない卑怯《ひきょう》な私はあえて秘すことにするが、早い話が「カツどん」はあまり上品な食べものではない、と義母は信じていたのである。

義母は、戦前まで銀座に大きな店を構えていた家の一人娘で、三田の三井倶楽部《クラブ》のそばの屋敷で育ち、当時の言葉で女中、今の言葉でお手伝いさんを連れて、私の連れ合いの父のところに嫁入りしたと言うお嬢さんで、その時代の教育が身にしみているから、私のような万世一系雑草の民の粗暴さをもってしても、まことに手も足も出ない強烈な自意識を持った女性であって、亡くなるまで、その自尊心を保ち続けたのである。

その義母が、「カツどん」に対して、そのような差別的感情を抱いていたと知って、「カツどん」を心から愛する私は大変悲しくなった。

しかし、勇気を出して「で、『カツどん』は嫌いですか」と尋ねると、義母は、

カツ丼 ●第34巻／第4話「魂の自由」より

日本文化の象徴、カツ丼。西洋のカツレツ(コートレット)と日本の天ぷらの技法を合わせてトンカツを誕生させ、しかもそのトンカツを醤油味のだしで煮込み、卵でとじて、飯の上にのせてしまった。大胆で柔軟な発想である。左のカレー南蛮もまた同様なり。

ビックリ鉄火丼
●第18巻／第4話「丼の小宇宙」より

二段重ねの鉄火丼。上の段を食べると下の段からも、醤油に漬けたマグロの刺身“ヅケ”が現れる。

牛スジ丼
●第9巻／第3話「再会の丼」より

安い牛スジ肉を弱火で三日間煮込んで作った牛スジ丼。根気と誠意が美味しいものを作る。

目玉焼き丼
●第18巻／第5話「のり巻き合戦」より

目玉焼きをのせただけの丼。黄身をつぶして醤油をかけて、ご飯と一緒にかき込む。丼の容器も、ご飯も、目玉焼きも、とにかく熱々であることが大事。

走りの銀杏のかき揚げ丼
●第75巻／第1話「のれん分けの意味」より

旬の時季の銀杏より、瑞々しくさっぱりとしていて、すがすがしい味と香りがある走りの銀杏を使ったかき揚げ丼。新しい天ぷらの味がまたひとつ生まれた。

ふ、ふ、ふと笑って、「食べてみてしまえば、美味しいですよ」と言ったのである。偉いぞ、カツどん。良くやった。大正生まれのお嬢さんの心をしっかり捉《とら》えたではないか。

豚カツは洋食の定番であって、ソースをかけて食べるのが日本の常識で、それも、大変なご馳走だったはずだ。そのさい、ご飯は皿に別に取り、人によってはそのご飯をフォークの背に盛り付けると言う、世界中で日本人にしかできない奇怪な曲芸を演じつつ、豚カツなる純日本風の洋食を食べたりするのである。昔の日本人にとって、豚カツはあくまでもハイカラなものであったはずだ。それを、ネギやタマネギと一緒に醤油のだしで煮て、卵でとじてご飯の上に乗っけてしまおうと考え出した人間の大胆不敵な発想には、つくづく感服せざるを得ない。偉い人間がいたもんだなあ。まったく。

私は西洋料理を取り入れて、結果的には日本料理である洋食というものを作り上げた日本の先人たちに敬意を表するが、その洋食からさらに一歩先に出て、「カツどん」を作って高級だった「豚カツ」を大衆のものにした料理人には、心から感動を覚えるのである。「カツどん」はまさに我々雑民の食べものである。

それが証拠に、「カツどん」の、カツもさることながら、カツを煮た汁のしみ込んだご飯の旨さは、とほほほほほ、と涙が出るほどだよね。

驚いたことに、世の中には「カツどん」ならぬ「カツ皿」と言うものもあるんですな。これは、どんなものかというと、「カツどん」の上のカツの卵とじ風のものを、皿に盛ったご飯の上に乗せるのである。どんぶりと皿の違いだけで、中身は全く同じものなのである。さあ、大変だ。どんぶりを取るか、皿を取るか、はっきり態度を決めなければなるまい。

私は、最初さんざんどんぶりの悪口を言ったが、ここに至って、実は私はどんぶり派であると、旗幟鮮明《きしせんめい》にしなければなるまいと考えた。

で、これから、えんえんとどんぶり物の旨さについて語ろうと思ったが、ああ、とっくに私に許された紙数を超えているのである。

で、読者諸姉諸兄よ、どんぶり物については、これからのスピリッツ誌の『美味しんぼ』で色々書くつもりなので、そちらを楽しみにして読んで貰いたいと宣伝をして、本講は終わりにする。我ながら、ちょっと、ずるいな。すみません。

どんぶり❖全リスト ［79巻まで］

**『美味しんぼ』に登場したどんぶりが大集合！
一杯の丼に詰まった食の小宇宙を味わってください！**

◆うな丼とうな重
第3巻 第1話「炭火の魔力」
◆好き嫌いを治すカツ丼
第4巻 第5話「食卓の広がり」
◆牛スジ丼
第9巻 第3話「再会の丼」
◆ウニ丼
第14巻 第1話「北海の幸」
◆天丼
◆親子丼
◆ビックリ鉄火丼
◆うな丼
第18巻 第4話「丼の小宇宙」
◆目玉焼き丼
第18巻 第5話「のり巻き合戦」
◆揚げ豆腐丼
第22巻 第2話「豆腐勝負!!」
◆親子丼
第29巻 第5話「親子のきずな」
◆カツ丼
第34巻 第4話「魂の自由」
◆鮫の天丼
第35巻 第2話「豊饒なる大地」
◆マグロのヅケ丼
◆牛肉ガーリックライス丼
第46巻 第4話「究極の新居」
◆牛の脂身丼
第53巻 第7話「掟破りの味」
◆つくね親子丼
◆チキンカツ親子丼
第63巻 第4話「東西新聞の危機」
◆イクラ丼
第67巻 第5話「真の国際化企画」
◆味噌味の牛肉丼
第68巻 第5話「父と子」
◆山岡特製牛肉丼
第69巻 第5話「カツオのへそ!?」

◆走りの銀杏のかき揚げ丼
第75巻 第1話「のれんわけの意味」
◆どじょうの蒲焼き丼
第75巻 第2話「日本全県味巡り宮城編」
◆牡蠣の唐揚げキムチ丼
第75巻 第4話「命名騒動!?」
◆まむし
第77巻 第5話「日本全県味巡り大阪編」
◆アナゴの天丼
第78巻 第5話「再起への活力源!!」

第四章

食べものについての疑問

第九講◆豆腐その二

私は豆腐が大好きだが、昔から、豆腐の「腐」の字が気に入らない。

何故、腐ってもいないものに「腐」などと言う字を使うのか。全ての食べものの中でも一番と言ってよいほど見た目が清らかで、しかも純粋で滋味あふれる味のものに誰がどうして「腐」などと言う字を当てたのだ。

責任者出て来い！

豆腐の「腐」の字が気になるのは私だけではない。人によっては、豆富と書いたりする。

また、ある料理人が、「腐」の字は、「府」と「肉」に分かれる。府は昔の東京府や現在の大阪府や京都府の府で日本で一番良いところを表す。その下に栄養があって美味しい肉が来るのだから、「腐」はこれに過ぎた食べものはないことを意味するのだ、と何かの本に書いてあるのを見たが、それは豆腐を愛する余りの奇怪に過ぎる独創的な解釈であって、諸橋轍次《もろはしてつじ》博士の『広漢和辞典』によれば、「府は庫のことで、庫の中にしまっておいた肉は腐る。そこで、腐は腐ることを意味する」のだそうだし、藤堂明保博士の『学研漢和大辞典』によれば、「府はびっしりものをしまい込む庫。腐は組織がくずれてべったりくっついた肉。従って原形をとどめないように腐ること」なのだそうだ。

となると、豆腐の「腐」は腐るという意味そのものと言うことになる。さて、困った。豆腐はどうしても腐っていなければならないのか。

教育社刊の『豆腐百珍』には、江戸時代中期の姫路の儒医、香川修徳の説が紹介されている。それによれば、「昔は豆を長く水に浸して臭気がひどくなってから、摺《す》りつぶして苦汁（にがり）を沢山入れ、固めるので、豆腐は硬くて食べられるようなものではなかった」と言うのである。

ちょっと待ってくれ。何でわざわざ、豆を腐らせて「食べられるものではない」ものを作る必要があったんだ。わけが分からぬとはこのことだ。香川修徳先生は儒医だそうだが、こんなお医者にかかったら、わざわざ病気をとことん悪くするまで待って、「いや、これは治療できるものではない」などと、重々しく御診断くださったんだろうな。

これではならじと、柴田書店刊、阿部孤柳・辻重光共著『とうふの本』を開いてみたら、阿部孤柳氏が、「豆腐の名は、乳腐から来ているのではないか」と言っているのを発見した。豆乳ににがりを打つと、豆腐のタンパク質が凝固して水分と分離し始めるが、氏は「この状態は、丁度、牛乳が古くなって凝固し、水と分離した状態に非常に良く似ている。羊や牛の乳を用いてヨーグルトやチーズを作る過程ではしばしば見るところで、『本草綱目《ほんぞうこうもく》』の「乳腐」はおそらくこのようにして作ったカードのことであろう。豆腐の名称も全くこの乳腐の乳に豆が取って代わったものと考えて良さそうである」と言っている。（カード・curdとは日本語では凝乳《ぎょうにゅう》と書き、乳成分の中で凝固する部分である。ついでに、凝固しない部分はホエー・whey、日本語では乳漿《にゅうしょう》と言う）

この本ではヨーグルトとチーズの製法を勘違いしている。ヨーグルトは牛乳をヨーグルト菌で発酵させて作るもので、カードとホエーが分離することはない。チーズも、例えば牛乳から作る場合、新鮮な牛乳に子牛の胃袋から取った酵素を加えると分離するカードを使うのであって、古くなって凝固した牛乳を使うことはない。

ただ、チーズは貯蔵しておくと発酵して味が良くなるが、同時に独特の臭みが出る。私はその臭みが大好きで、チーズは臭ければ臭いほど有り難いと思う方だが、そのチーズの匂いが我慢ならないと言う人も少なくない。そう言う人が初めてチーズに出会ったら、これは腐っていると思うのも不思議ではない。従って、チーズを

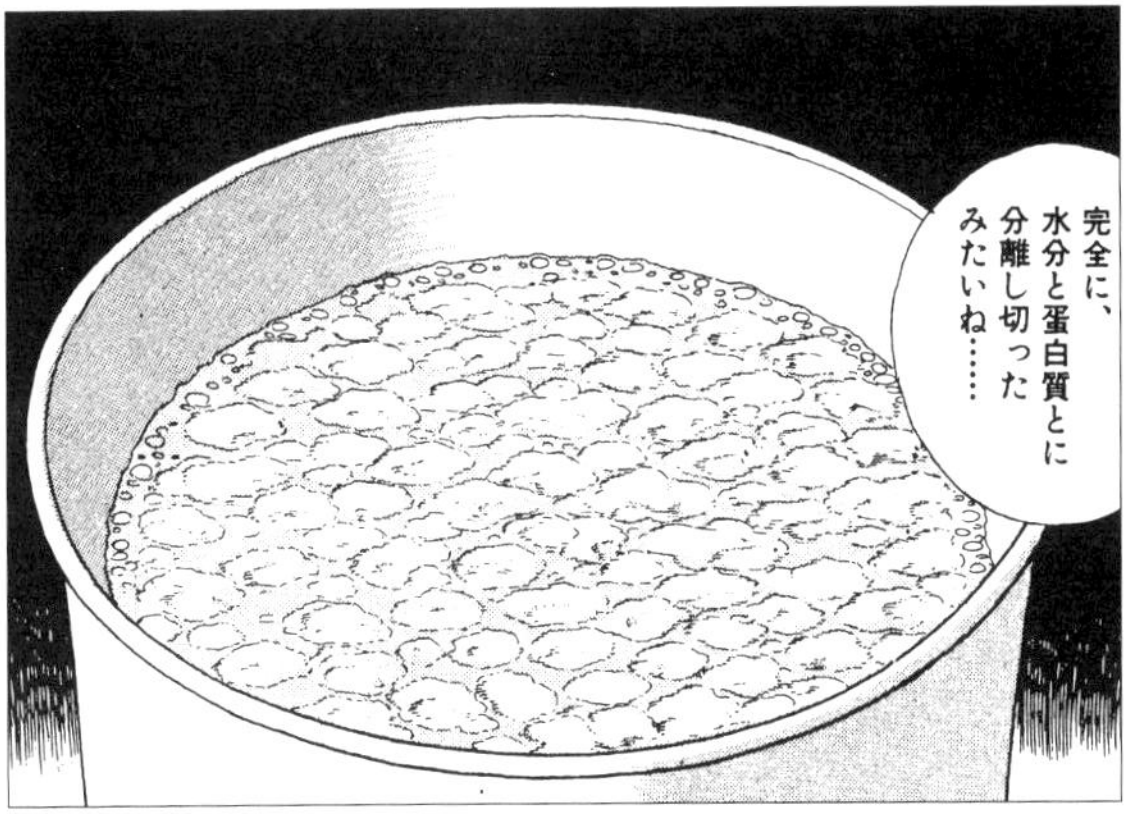
完全に、
水分と蛋白質とに
分離し切った
みたいね……

にがりを打った豆乳
●第22巻／第2話「豆腐勝負!!」より

豆乳ににがりを打つと、にがりが豆乳の中のタンパク質を凝固させ、固まりと水分に分離する。これをすくってそのまま食べるのが「汲み出し豆腐」。完成品の豆腐はこれを型に入れ、圧力をかけ、汁をしぼり出して固めたもの。

臭〜いチーズ、リバロ
●第73巻／第1話「チーズ対決!!」より

ぐえっ、ひいっ、腐ってる——と悲鳴が出るほど臭いチーズ、リバロ。フランスのノルマンディー地方のリバロで作られる。原料は牛乳。熟成期間中に、チーズの表面を塩水で洗う。チーズの表面が濡れて、有用な菌が繁殖しやすくなり、その菌がチーズを熟成させ、独特の香りと味を作り出す。

イチゴのジャムも
自家製で、
さっと煮るだけで
煮つめないので、
イチゴの
鮮やかな色も
胸のすく香りも
そのままです。
蜂蜜は
オーストラリアの
タスマニア産、
レザーウッドの
花の蜜です。
お好きなものを
かけて、
召し上がって
ください。

栗田ゆう子自家製ヨーグルト
●第42巻／第4話「愛ある朝食」より

朝食のために栗田ゆう子が作ったヨーグルト。朝しぼったばかりの牛乳を使用。自家製イチゴジャム、タスマニア産の蜂蜜をかけて食べる。

「乳腐」と言ったのではないかと言う説はかなり説得力がある。

豆乳に、にがりを打つとカードが凝固する。牛乳に酵素を入れるとカードが凝固する。その生成過程は実に良く似ている。当然大豆の生産より、牧畜の方が歴史が古いから、豆乳に塩を入れたときに、塩の中のにがり成分で豆乳が凝固したときに、人々は、「ああ、乳腐を作るときにそっくりの現象だ」と思い、出来上がった豆腐も見た目はチーズに似ているから、乳の代わりに豆をつけて豆腐と呼んだ、と言うのは説として良くできているのではなかろうか。

と、まあ、何とか納得できるような気がするのだが、実は私はまだ釈然としない。どなたか、豆腐の「腐」の正確な意味をご存じの方がおられたら、是非、小学館のマイファーストビッグ編集部までご一報ください。

豆腐の「腐」の字にずいぶん拘泥《こうでい》してしまったが、豆腐の中にも、これは本当に腐っているんじゃないかと思うものが実際にある。

香港や、台湾に行くと屋台で「臭豆腐《しゅうどうふ》」と言うものを売っている。花札の札を一回り大きくした形で厚さは五ミリほどか。色はネズミ色。まあ、その臭いこと！

臭豆腐は豆腐にかびを生やして発酵させて作るもので、その匂いは、クサヤ、ウオッシュ・タイプのチーズの匂いにそっくりである。要するにタンパク質の発酵した匂いである。嫌いな人は鼻が曲がる、吐き気がする、と言う。

これを屋台で、油で揚げて売っている。油で揚げると、その臭気が数十メートルの範囲にまで広がるから、どこに臭豆腐の屋台がいるかすぐに分かるのだ。

実は、私はこの臭豆腐が大好きで、特に台湾の屋台の臭豆腐が好きで、台湾に行くとまず臭豆腐の屋台を探して一皿注文して、

「ひぇ！、臭いよう！　たまらないよう！」

と嬉し泣きしながら平らげる。日本人で、この臭豆腐を好きな人は余りいないので、日本人の私が食べていると台湾人が珍しがって私の周りに集ってきて、「美味しいのか、本当に美味しいのか」と尋ねる。

そこで私が、

「たりめえよ。おらあ、この臭豆腐を食いてえばかりにはるばる台湾まで這《は》い出してきてるんでえ」と言ってやると、みんな、賛嘆と友愛の情をこめた熱っぽい目で、私の肩や背中を撫《な》でたり叩いたりする。どうせ撫でたり叩いたりしてくれるなら今《いま》楊貴妃のような台湾美女にお願いしたいのだが、臭豆腐屋の周りに余り美人がいないのはどうしたわけなのだろうか。

おっと、臭豆腐なんか問題じゃない臭いものがあるのを忘れていた。

臭くて、臭くて、臭くて、臭くて、臭くて、死にたくなるほど臭い豆腐があるのだ。

それは、腐乳と言う。

香港や、台湾に旅行した人は、空港の売店あるいは市内のおみやげ屋で、豆腐の角がくずれたようなものが広口の瓶に入っているのを売っているのを見たことがあるはずだ。

それこそが、腐乳であって、これ以上臭い食べものは世界中探してもないだろうと私が確信を持って言えるしろものなのである。

腐乳と言ったって、豆腐の種類である。間違ってもチーズなんかと混同しないようにしていただきたい。

この腐乳は普通よりは固めに作った豆腐に特殊なカビを植え付ける。カビの菌糸が十分に繁殖したところで、塩漬けにし、さらに、それぞれの生産者秘伝の味付けをした汁に漬けるのである。完全に熟成するまでには一月以上かかるそうだが、見た目ではとても一月ではここまで行くまい、百年くらい経っているんじゃないかと思われるものばかりである。

で、この腐乳をどうやって食べるかだが、難しいことではない。

まず、ニラを五センチほどの長さに切る。ついで、モヤシの頭と根っこをきれいに取って軸だけにする。豚肉を細切りにする。その三つを落花生《らっかせい》の油、できたらラードでざっと炒める。味付けはしない。胡椒《こしょう》くらいはかけても良い。

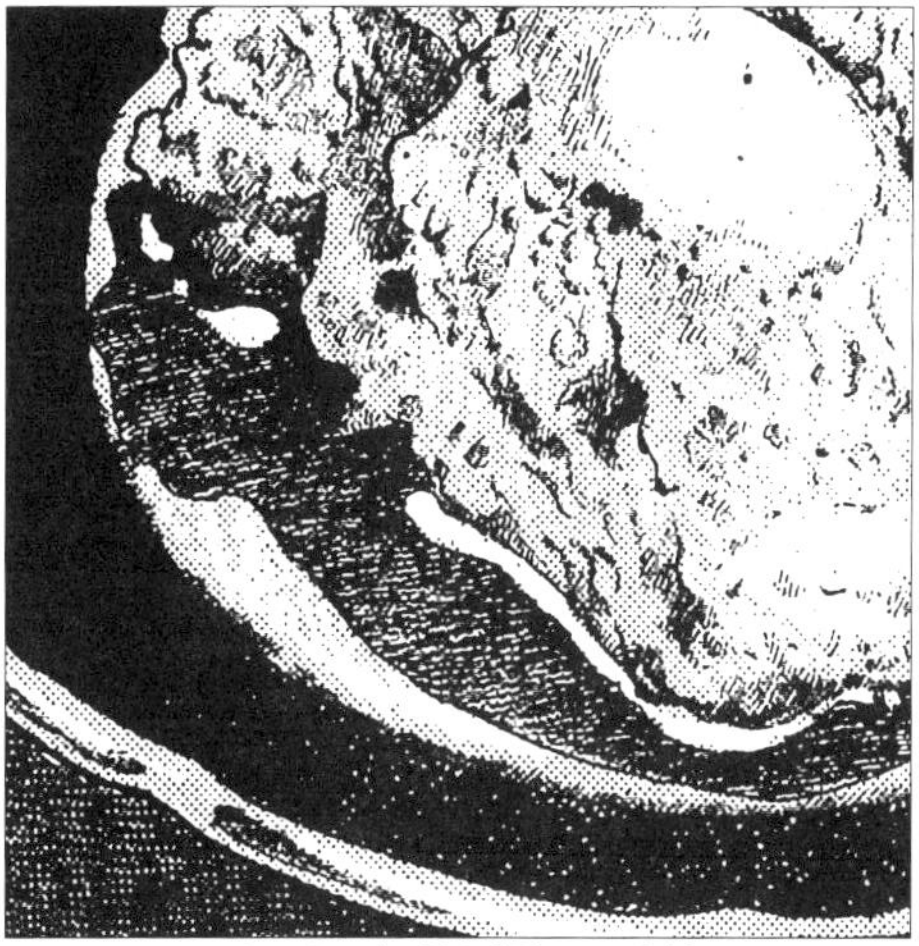

マトンオーブン焼き腐乳ソース(上)
腐乳(フールウ)(下)
●第76巻/第4話「雄山の危機!?」より

羊肉のオーブン焼きにソースをかけた、海原雄山自信の一品。ソースはマトンを焼く時に出た肉汁をもとに、和風だし、醤油、日本酒を加え、強烈な臭さを放つ、発酵させた豆腐=腐乳を隠し味に用いてある。懐かしい風味。

さて、中皿に醤油、ごま油、少量の酢を取り、それに腐乳を親指の頭ほど取って混ぜる。これが、たれである。

このたれに、さっきのニラとモヤシと豚肉を炒めたものをつけて食べてご覧なさい。たれを炒めたものの上からざっとかけても良い。

「ああーっ！」

「臭いけれど、旨い！」

「違う！　臭いから旨いんだ！」

「この臭さが何とも言えない！」

「一体これは何なの！」

「あとを引くーっ！」

と、大体の人が言いますな。

私はあえて言うけれど、このタンパク質の発酵した匂いというのは、我々全ての人間にとって、特別な意味を持つのではなかろうか。特別な意味というのは、余り大きな声で、人中では言えないような事柄に関することです。

人間の体の中でおおっぴらに人前にさらけ出すことのできない部分の匂い。あるいは、人間の身体のある種の器官が分泌する物質の匂い。臭さ。

こういうものは他人に嗅《か》がれたらとても恥ずかしい匂いだが、自分で嗅ぐ分には

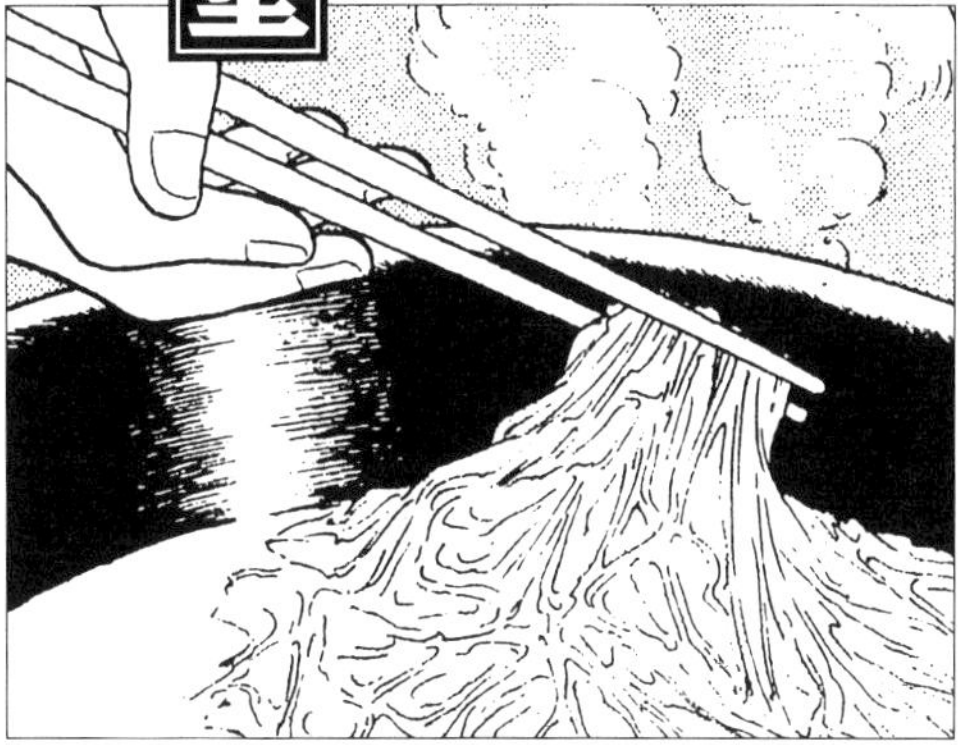

引き上げ湯葉
●第12巻／第5話「豆腐の花」より

豆乳に火を入れると、大豆のタンパク質が熱で固まり、表面に膜が張る。この出来立ての湯葉を、熱いうちにすくって食べるのが引き上げ湯葉。醤油やポン酢など、好みのたれにつけて食べる。

呉汁
●第12巻／第5話「豆腐の花」より

大豆を一晩水につけてすりおろした物「呉」を味噌汁仕立てにしたのが呉汁。とろりとこくがあって素直な甘さがある。疲労回復に役立ち、元気が出てくる美味しさ。

温泉湯豆腐
●第39巻／第5話「温泉湯豆腐」より

佐賀県嬉野温泉の名物、温泉湯豆腐。汁の中に豆腐の一部が溶けて、とろりと芳醇な味に。秘密は湯豆腐の汁に嬉野温泉の湯を使うこと。弱アルカリ泉の湯が豆腐を柔らかくする。

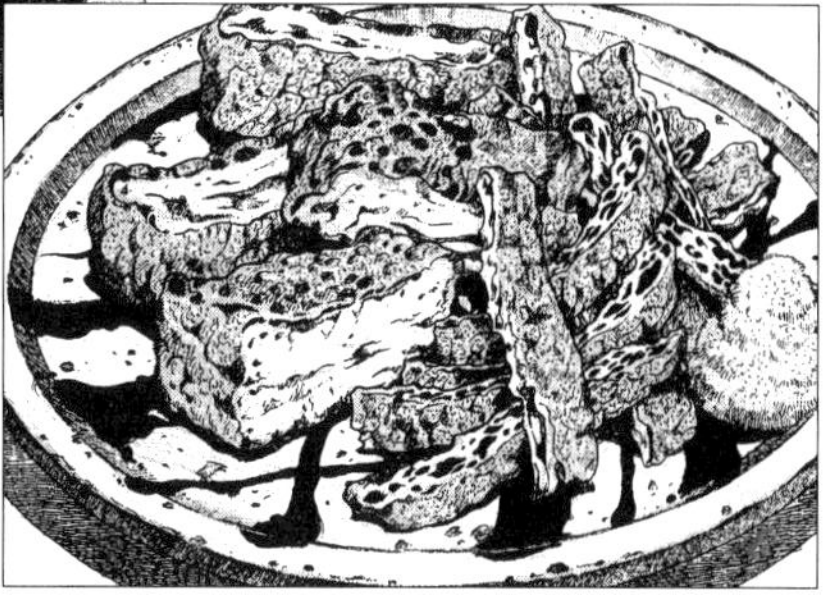

自家製の油揚げと生揚げ
●第76巻／第4話「雄山の危機!?」より

揚げたての生揚げと油揚げは、ふうわり甘く香ばしい。油揚げは低温と高温の二度揚げで、生揚げは一回揚げで作る。

とても懐かしく、いとしくはありませんか。あるいは愛する人のものであれば、その匂いが愛情をますますかき立てるはずだ。

そのような特殊な匂いを持つものが、食べものとして堂々と食卓に現れる。たいていの人間が、「こ、こんないやらしいことが許されるのか」とうろたえる。しかし、食べると、その魅力には抗《あらが》えない。いやらしいことを白昼公然と行っているという快感は何物にも代えられないんだもの。腐乳って凄いよね。

あ、豆腐の「腐」の字に拘泥し過ぎたばかりに何だか話がおかしな方向に進んでしまった。これはいけませんな。

もっとすっきりした話をしましょう。

香港あたりで、飲茶《ヤムチャ》を食べに行くと、大きなジャーの形をした保温器に入れた豆腐を持って回ってくるおばさんがいるでしょう。そこで、ほとんどの日本人が失敗する。

豆腐、それも出来立ての温かい豆腐と聞くと日本人は驚喜する。男性は酒の肴《さかな》に最高と思うし、女性は出来立ての豆腐を一度食べてみたかったのよ、と騒ぐ。で、注文する。すると、おばさんは、豆腐の上にたれをかけてくれる。親切なおばさんだなあ、さすが本場は違うわ、なんて喜んで食べると、ぎゃっとひっくり返る。おばさんがかけてくれたのは甘い蜜なのだ。中国人にとって、豆腐はデザートでもあるのだ。

私は、シドニーの中華料理店で、その豆腐を注文して、甘いたれをかけるなと言って、自分で醤油をかけて食べた。とても美味しかった。しかし、周りの中国人が、私のことを野蛮人のように言って笑うのには往生した。

しかし、そんなことでめげる私ではない。今では、シドニーで飲茶を食べに行って豆腐を注文すると、おばさんたちはたれをかけずに、にっこり笑ってくれるようになった。

豆腐料理❖全リスト
［79巻まで］

『美味しんぼ』に登場した豆腐料理が大集合！心と体に優しい本物の素材を味わってください！

◆美味しい豆腐
第1巻　第1話「豆腐と水」
◆国産大豆の豆腐の味噌汁
第1巻　第4話「平凡の非凡」
◆腐乳
第5巻　第5話「臭さの魅力」
◆魯山人風すき焼き
◆シャブスキー
第5巻　第6話「牛なべの味」
◆天日乾燥の国産無農薬大豆と天然にがり使用の昔ながらの本物の豆腐
第7巻　第5話「大豆とにがり」
◆うずめめし
第9巻　第8話「新妻の手料理」
◆引き上げ湯葉
◆呉汁
第12巻　第5話「豆腐の花」
◆厚揚げのカレーライス
第12巻　第6話「日本風カレー」
◆湯豆腐の残りのかけご飯
第15巻　第7話「究極の裏メニュー」
◆「親子豆腐」
◆豆腐とアボカドのディップ
◆揚げ豆腐丼
◆ハンペン豆腐
◆汲み出し豆腐
◆ザル豆腐
第22巻　第2話「豆腐勝負!!」
◆精進料理の胡麻豆腐
第26巻　第3話「グルメ志向」
◆ひじきとニンジンと油揚げの煮物
◆炒り豆腐
◆青菜と油揚げの煮びたし
◆ツクシの白和え
第27巻　第2話「究極の披露宴」
◆湯葉揚げ

◆中華風湯葉包み蒸し
◆湯葉のグラタン
第27巻　第6話「素直な味」
◆豆腐餻
◆ゴーヤ・チャンプルー
第28巻　第2話「長寿料理対決!!」
◆ナスと湯葉の炊き合わせ
第31巻　第2話「良いナス、悪いナス」
◆おでん
◆里芋の生湯葉包み
第32巻　第2話「道具の心」
◆関東風と関西風のいなり寿司
第32巻　第3話「好みの問題」
◆豆腐の味噌漬け
◆豆腐のチェダーチーズはさみ揚げ
◆究極の三種の豆腐
◆うずらと海老のだし豆腐
◆梅肉あんと鰹節あんの温豆腐
◆アワビと黄ニラ詰め豆腐の中国スープ蒸し
◆豆腐のステーキ
第32巻　第6話「新・豆腐勝負」
◆胡麻豆腐の白味噌かけ
第39巻　第3話「ゴマすり」
◆ブラック特製湯豆腐
◆佐賀県嬉野温泉の温泉湯豆腐
第39巻　第5話「温泉湯豆腐」
◆豆腐と貝柱の煮込み
第40巻　第6話「生モノ干しモノ」
◆海老すり身団子と厚揚げの洋風コンソメ
第41巻　第1話「内助の手」
◆特製正月料理の味噌汁
◆京湯葉の揚げ煮
第41巻　第6話「おせち対決」
◆朝食の湯豆腐
◆豆乳の朝ガユ風だしあんかけ

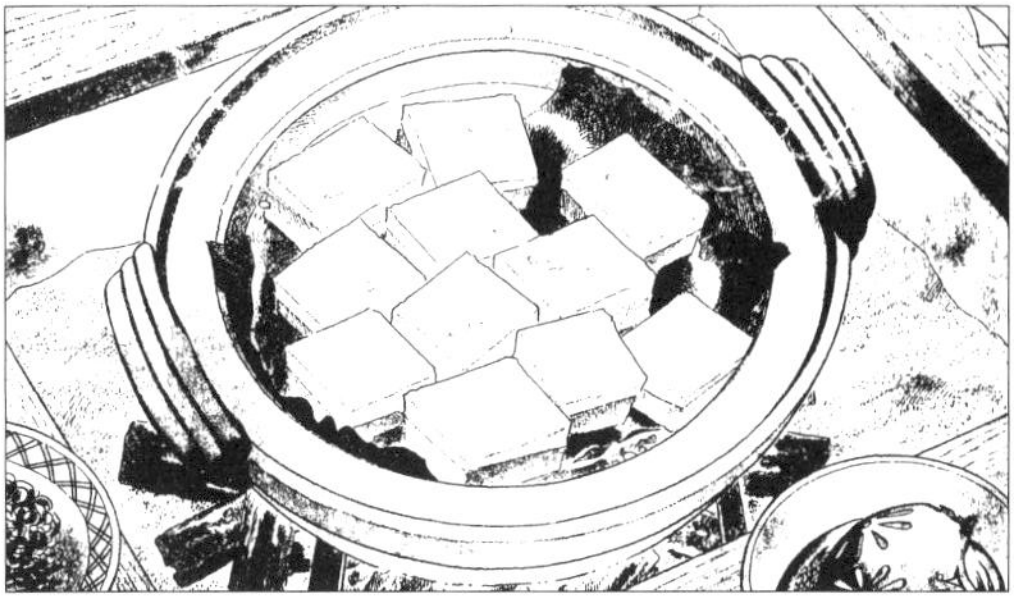

◆契約栽培大豆の豆腐の味噌汁
第42巻 第4話「愛ある朝食」
◆自家製ビックリあんかけ豆腐
第46巻 第4話「究極の新居」
◆山岡の母特製あんかけ豆腐
◆豆腐の味噌汁
◆沖縄の豆腐餻
第47巻 第3話「結婚披露宴」
◆油揚げとひじきの煮物
◆湯葉とフキと里芋の煮つけ
◆自家製豆腐の味噌汁
第48巻 第4話「缶づめと赤ちゃん」
◆じゅんさい胡麻豆腐
第50巻 第1話「黒いマスコミ王」
◆がんもどきの含め煮
◆高野豆腐の含め煮
第51巻 第1話「再婚します！」
◆湯葉と生麩でつくるアヒルの蒸し煮
◆白身魚とチンゲン菜の煮物
◆鶏肉とセロリの炒めもの
第53巻 第3話「遺産の真価」
◆焼き肉のたれかけ冷や奴
第53巻 第7話「掟破りの味」
◆生湯葉がうまい五目しゃぶしゃぶ
第53巻 第9話「鍋と野球」
◆挽き肉と豆腐のサンドイッチ
第54巻 第4話「父のサンドイッチ」
◆湯豆腐餃子
第57巻 第6話「餃子人生」
◆山岡家自家製の生湯葉
第61巻 第2話「再起のとき!!」
◆油揚げと釜揚げシラスと大根おろしご飯
第61巻 第5話「新入社員のお手柄!?」
◆葉ニンニク入り麻婆豆腐
第64巻 第1話「麻婆豆腐の秘密」

◆おいなりさん
◆豆腐と魚の揚げ物
第64巻 第4話「食欲不振の治療薬!?」
◆ブラックの湯豆腐
第64巻 第9話「ご飯の炊き方大論争!!」
◆大根と油揚げの味噌汁
◆沖縄名産の豆腐餻
第67巻 第5話「真の国際化企画」
◆味噌汁(白味噌／八丁味噌／仙台味噌)
第69巻 第6話「家庭崩壊防止計画」
◆三代豆鍋
◆鯨のはすかわのトイ汁
◆ふすべ餅
◆五代豆鍋
第75巻 第2話「日本全県味巡り宮城編」
◆自家製油揚げ
◆自家製生揚げ
◆腐乳ソースのマトンオーブン焼き
第76巻 第4話「雄山の危機!?」
◆おでんダネのひろうすと巾着
第79巻 第3話「おでんの真髄」

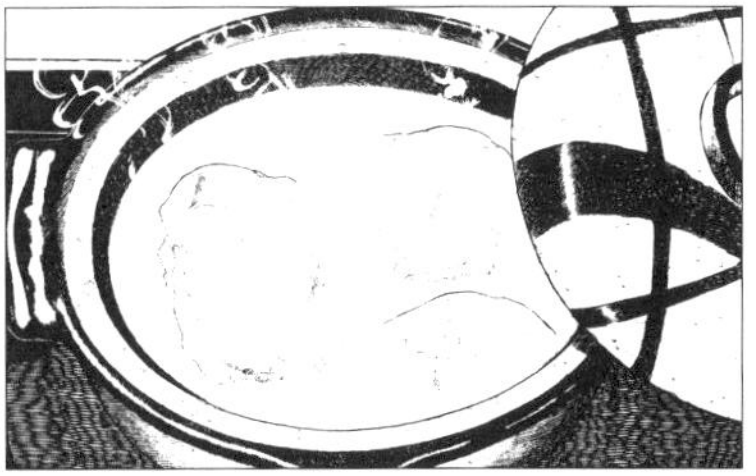

豆腐料理

第十講◆刺身について

刺身について私は二つの疑問を持っている。

「第一の疑問」なぜ刺身というのか。

「第二の疑問」刺身は本当に美味しいのか。

今回はこの二つの疑問を解くことに挑戦しようと思う。

第一の疑問から行こう。

まずは刺身の形状を考えていただきたい。あのものは平べったい切り身になっている。さよう、刺身は切って作るものである。刺して作るものではない。

刺身を数えるのに、一切れ、二切れと言うが、一刺し、二刺しとは言わない。だから、正確にはあのものは「切り身」と呼ばれるべきものではないか。ところが、「切り身」と言うと、もっと大振りに魚を切ったものがすでに存在する。例えば、ブリの切り身、鮭の切り身と言えば、誰も刺身状の薄切りを思い浮かべることはない。厚さが一センチくらいで、魚の半身を切り取ったものがすでに存在する

「切り身」である。今さら刺身を「切り身」に改名させると混乱が生じそうである。だからと言って、このまま、刺身を刺身のまま放っておくのは潔癖漢の私には我慢できないぞ。

で、さっそく私は色々な辞書を引いてみた。『広辞苑』『三省堂・スーパー大辞林』『三省堂・新明解国語辞典』『小学館・国語大辞典』

これらには、例えば『広辞苑』のように「魚肉などをなまのままで薄く細く切って、醤油などをつけて食べるもの。おつくり。」と書いてあるだけで、なぜ、切り身を刺身と言うかの説明がない。もっとも『小学館・国語大辞典』には、その他に刺身の俗語として大変ためになる言葉の意味も添えてあるが、私には年ごろの娘が二人いて、うっかりその手の話をすると「まあ！　お父さん嫌らしいっ！」と怒って、口もきいてくれなくなる恐れがあるので、私はその方面に興味なんか全くない振りをしていなければならず、従ってここでは特に秘すことにする。

で、書庫にもぐりこんで、本山荻舟《てきしゅう》著『飲食事典』（平凡社刊）と言う本を発見した。その中の「刺身」の項目を見ると書いてありましたね。「魚肉を生で食べる場合、昔は全て、ナマスであったが、しょうゆの発達以来サシミとなった。文安五年（1448）『中原康富《やすとみ》記』に、鯛の指身（昔はこうも書いたらしい）として、タイならタイと分かるようにその魚のヒレを刺しておいたので、サシミ、つまり『さしみなます』の名の起りだとあり、云々」と書いてある。

魚のヒレを刺しておくから刺身とは、にわかには信じがたい。そこで、買ったばかりの『小学館・日本大百科全書』Macintosh版『スーパー・ニッポニカ』をさっそく我が愛するマックにインストールして刺身の項目を引くと、さすがはマックだ。いや、百科事典だ。『中原康富記』の話も出ているし（もっともこの件の内容については『飲食事典』の方が詳しい。ついでに言うと、『中原康富記』と言うのは一四〇〇年から権大外記《ごんのだいげき》と言う役職にあった中原康富と言う人物の書いた日記で、朝廷のことだけでなく市中の事柄もいろいろ書いてある）、他にも「切り身」と言うのを忌んで「刺し身」と言うらしいとか、足利将軍の東山時代にはすでに刺身の形式が出来上がっていたとか、『貞丈雑記《ていじょうざっき》』には、「うちみというはさしみの事也」と書いてあるとか、『四条《しじょう》流庖丁書《ほうちょうがき》』では、使用文字が、「サシ味」「差身」「ウチミ」などとあって一定していないとか、記してある。ものの本によっては指身とも書いたのである。

しかし、どれも釈然としませんね。何の魚か分かるようにそのヒレを刺しておいたなんて言うけれど、昔の人はヒレを見ればどんな魚でも分かったのだろうか。昔の人はお魚博士だってえのか、などと嫌みを言いたくなるが、でも、考えてみれば、昔は今のように漁業技術が進んでいなかった上に、小さな舟でちょこまかと沿岸漁

タイ・スズキ・ヒラメの刺身(右)
活きタコの刺身(下)
●第23巻/第10話
「白身魚の芸」より

外国人落語家のブラックが、白身魚の刺身の微妙な味の違いを知るために食べたのが活きタコの刺身。淡白でさっぱりして無味に近いが、よく味わうとじっくりと味が沸いてくる。

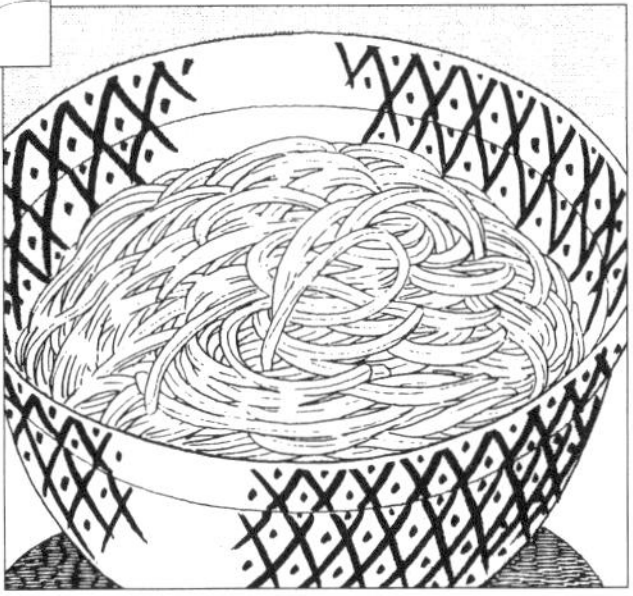

イカソーメン
●第23巻/第6話
「ばあちゃんの賭け」より

千葉県房総沖、イカ釣り舟の上で、釣ったばかりのイカで造るイカソーメン。身は半透明、舌ざわりはなめらか、歯ざわりしゃっきり、風味もすっきり。新鮮なイカは、匂いにも味にもクセがない。

とれたての鰯の刺身
●第61巻/第2話「再起のとき!!」より

まったく抵抗できないうまさだよ——と山岡も舌なめずりする、とれたての刺身。生姜醤油で味わう。

ロブスターの刺身
●第15巻/第6話「大海老正月」より

海老嫌いの少女も感激する、新鮮なオーストラリア産ロブスターの刺身。海老やカニ独特の匂いというのは実は腐敗臭。新鮮な海老やカニには全く生臭さがない。

業をしていただけだろうし、取れる魚もせいぜいのところタイだのスズキだのヒラメくらいのものだったろうから、二、三種類でもヒレの形を知っていれば足りたのだろうとは言える。

釈然とはしないが、中原康富の説は一応理屈が通っていて、六百年も前だったらそうだったのかも知れないと思わせるところがある。疑問の解決になったとは言えないが、こうして話の種にはなったのだから、中原康富が生きていればラーメンの一杯でもおごってやりたいところだ。

ところで、『飲食事典』の引用箇所に「魚肉を生で食べる場合、昔は全て、ナマスであったが、しょうゆの発達以来サシミとなった。」とあるけれど、これも実はこんなに簡単な話ではないのである。その話をする前に、第二の疑問に移ることにする。

第二の疑問。刺身は本当に美味しいのだろうか。

私は市場、特に食品市場というものが大好きで、世界中どこに行っても、まず食品市場を探して行ってみることにしている。日本国内でも、有名な市場はほとんど見て回った。魚に関しては日本ほど素晴らしい市場の揃っている国はない。だいたい日本の魚市場は生臭くない。これは凄いことなのだ。

私は初めてサンフランシスコのフィッシャーマンズ・ワーフに行ったときのこと

を忘れられない。とにかく臭い。魚の腐敗臭があたり一面に漂っている。観光客用にゆでた海老のサラダをプラスティックのカップに入れて売っているが、その海老がまたすさまじく臭い。私からすれば、腐りかけだ。しかし、それをロスアンゼルスやアリゾナ州はツーム・ストーンなんてところから出てきたアメリカ人は「オウ！ デリーシャス！」とか何とか言って喜んで食べているから驚く。アングロ・サクソンには魚は生臭いから嫌いだという人間が多い。そりゃ、当たり前だ。あんなものは人間の食べるものではない。

しかし、もっと凄い国があって、それは紅茶の産地で知られる国だが、その国の中部にある町の魚市場に行ったときには本当に死ぬかと思った。魚を運んだトラックが着いて、その荷台から市場に運び込まれたのはアジかサバのような大きさの魚だが、それがおが屑にまみれているのである。そして、すでに半分腐っている。大変に気温の高いところなのに、冷蔵もせずに運んでくるのである。更に、マグロのような大きな魚の筒切りなども運び込まれるが、ああ、その臭気！ 案内の人間によれば、腐敗止めにフォルマリンを注射して持ってくる悪い商人もいるとかで、私は気絶しそうになった。どうしてそんなに臭い魚が受け入れられるかというと、その国は強烈な香辛料をほとんど全ての食べものに使うからである。意識を失うほど辛い唐辛子と全ての嗅覚《きゅうかく》が麻痺する香辛料をまぶすと、魚の腐敗臭も苦にならないらしい。私は駄目だったけれど。

ええと、話が脱線したな。日本の魚市場の話だった。あるとき、市場に行くと、マグロの刺身の味見をさせてくれた。どかっと、マグロの塊が置いてあり、包丁で旨そうなところを選んで切ってくれて、さあ試せと言う。醤油も何もつけない。一緒に行った仲買人はぺろりと食べて、盛んに感心する。味見をさせた方も、如何に素晴らしいマグロであるか鼻高々で自慢する。ところが、この私は、困惑し果てた。美味しくも何ともないのである。

それは、私だって色々なマグロを食べたことがあるから、そのマグロが確かに素晴らしいマグロであることは分かった。しかし、美味しくない。そのとき、痛切に思ったのは「醤油とワサビがほしい」と言うことである。

そこで、私ははてな、と思った。何だか変じゃないか。

確かに果物でもない限り、人間はたいていの食べものに調味料を必要とする。しかし、逆に言えば、人間は塩さえあれば特別の調味料を必要とせず、たいていのものは美味しく食べられる。

例えば肉だ。ちょっとあぶって塩をふれば満足満足。野菜も、塩をふるだけで、たいていのものが美味しい。

ところが、刺身に塩をかけて食べて美味しいか。やってごらんなさい。美味しい

辛味大根、暮坪カブとマグロの刺身(上)
辛味大根とブリの刺身(下)
●第32巻/第4話「薬味探訪」より

岩手県遠野の名産・暮坪カブと、京都の伝統野菜・辛味大根を下ろし、薬味にして食べるマグロとブリの刺身。辛味大根は刺身の脂くささを消し、旨味をふくらませる。そして暮坪カブには郷愁を誘う土の香りがある。おろしそばに用いても美味しい。

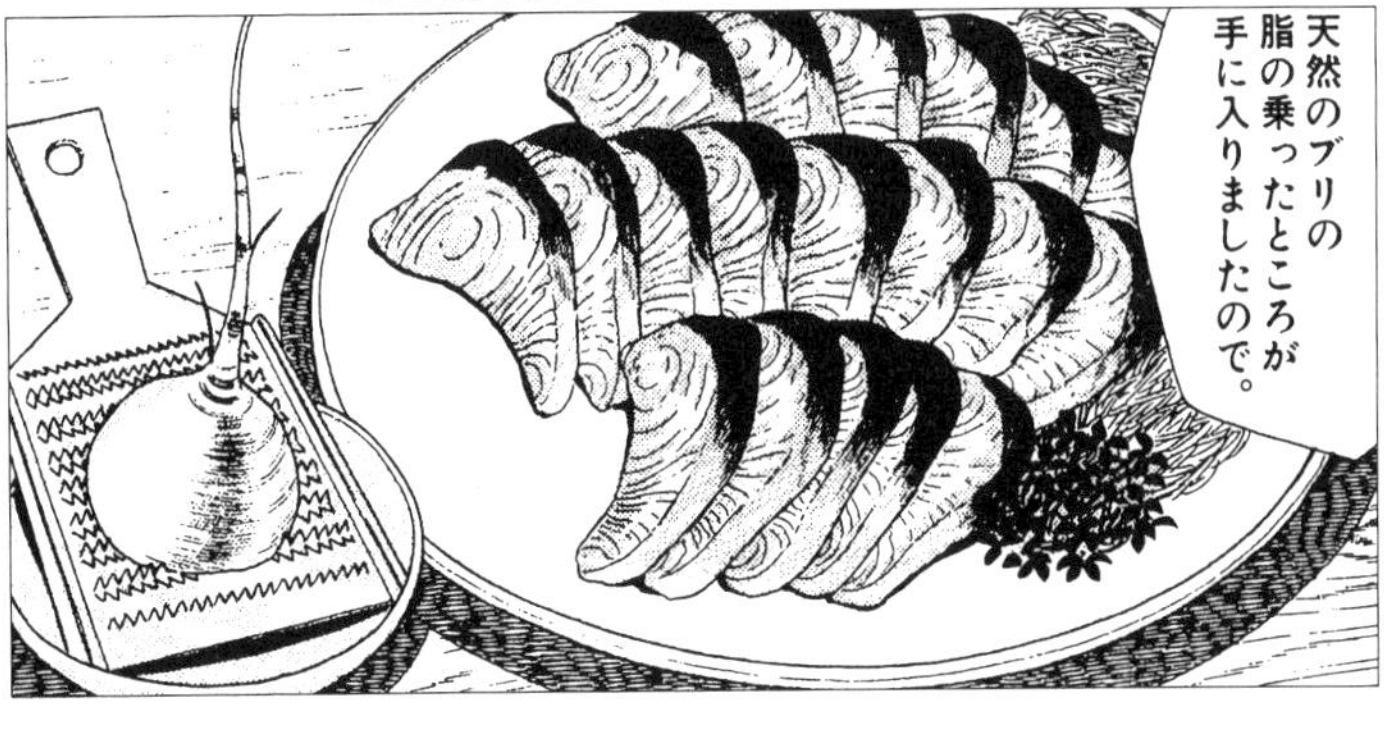
天然のブリの脂の乗ったところが手に入りましたので。

のは、イカの刺身くらい。(私の書いた漫画の中で「紙塩」作りのタイの刺身の話がある。あれは、あのまま食べてもほんのりとした味わいがあるが、それでも、少し醤油をつけた方が身の甘みが余計によく分かるから不思議だ)

特に、マグロのトロなんか塩じゃとても駄目だ。フグだって、ポン酢なしで食べてご覧なさい。これは、何かのお仕置きかと思ってしまうから。

大分県の日出町《ひじまち》で名物の城下《しろした》かれいを食べたときにも痛切に感じた。城下かれいは、分類上はマコガレイであるが、日出町のお城の下には真水が海底から吹き出すところがあるのだそうで、その真水の混じった海水で育った城下かれいは抜群の味だと言うのである。確かに、普通のマコガレイと違って肉の色は美しい飴《あめ》色で、きめもしっとりと細かく味わいも深い。大変に美味しいと感心したが、これが、普通のワサビと醤油では駄目だと土地の人たちは言うのである。それぞれの家に秘伝のたれがあって、そのたれが城下かれいの旨さを決定すると漁協長自身が主張するのである。

ためしに、城下かれいを何もつけずにそれだけ食べてみると、確かに、上あごに吸いつくような感触と、甘い上品な味は十分楽しめるが、たれをつけて食べたときのあの心底美味しいと言う感じが得られない。

で、私は疑問に思うのである。刺身はそれ自体独立して美味しいものではないの

それでは、今日のもう一人のお客さま、京極さんのためのお料理です。

タイの松皮造り(上)
タイの紙塩造り(左)
●第27巻/第7話「日本料理の理」より

タイの皮を美味しく食べるための技法、松皮造り。三枚におろしたタイの片身の皮をガーゼで覆い熱湯をかけて、皮だけに熱を加える。皮の旨味を最大限に引き出し、しかも身は生のまま保つ。
タイの紙塩は、和紙を通してほんのりと塩味をつける技法。ごくごく薄い塩味がタイの身の甘さを引き出し、和紙のほのかな香りが色を添える。日本料理の技と芸の極み。

城下カレイの刺身
●第71巻/第1話
「日本全県味巡り 大分編」より

大分県日出町の城下カレイの刺身。海水と真水の混じった場所で育つため、普通のマコガレイより遥かに美味しい。秘伝のたれで食べる。

これが、日出町の城下カレイか。

ではないかと。

あるいは、これは、調味料文化に毒された現代人の感覚のせいかもしれない。現に、北極圏に住むイヌイット、エスキモーの人々はオットセイや鯨の生肉を主食にしているが、全然調味料を使わないようである。彼らは、野菜を食べないが、生肉から得られるビタミンで健康な状態を保つことができるのだそうである。だから、彼らに、マグロの刺身をそのまま食べさせても、美味しいと言うのかもしれない。

ではあるけれど、私は今さら、調味料のない世界には戻れない。その私からすると、調味料なしの刺身は美味しくないのである。これは、刺身について基本的な疑いを抱かせるものではないか、どうだ、皆の衆。

ところで、ナマスと刺身の話に戻るが、もともと生魚は細切りにして食べたもので、それをナマスと言う。昔は、醤油と言う調味料がなかったので、ナマスは酢をつけ、もう一方の細切りには酒に梅干しなどを入れて煮詰めて作った煎《い》り酒をつけて食べたとも言う。（この煎り酒は私の家ではよく作った。魯山人《ろさんじん》風しゃぶしゃぶを食べるときには絶対に必要なのだ）

そのうちに、醤油が中国から入ってきて、醤油をつけて食べる贅沢を覚え、それを酢をつけて食べるナマスと区別して刺身と言うようになったのではないかと言う説もある。

例えば、赤貝なども、ナマスにするが、私は醤油とワサビで食べる方が酢で食べるよりずっと好みだ。それでも、塩だけよりは何ぼかよろしい。

で、「刺身は本当に美味しいのか」と言う第二の疑問を解くことは私にはどうも難しい。それ自体では美味しくなく、基本的な調味料である塩をつけても駄目で、醤油とワサビ、あるいはポン酢などが付き添ってくれないと本来の旨味を発揮できない刺身なるものは本当に美味しいのか。

第二の疑問は解くことができなかったが、私が刺身を愛することには変わりはないので、あまり深く考えるのはやめることにしよう。

お騒がせ様でした。

刺身料理❖全リスト
［79巻まで］

『美味しんぼ』に登場した刺身料理が大集合！
新鮮な素材、冴える技を味わってください！

◆シマアジの活け造り
◆三浦半島三崎の活け締めのシマアジ　第2巻　第2話「活きた魚」
◆イサキの洗い　第2巻　第5話「包丁の基本」
◆葉山根つきの黄金のサバ　第2巻　第7話「幻の魚」
◆フグ刺し　第3巻　第3話「土鍋の力」
◆鰹の刺身とマヨネーズ醤油　第3巻　第4話「料理のルール」
◆タケノコの刺身　第4巻　第3話「旅先の知恵」
◆鮎の梅肉和え
◆アナゴの刺身
◆飛魚の刺身
◆スズキの洗い　第4巻　第7話「板前の条件」
◆鯉の洗い　第5巻　第1話「味噌の仕込み」
◆タイの卵の花和え
◆タイの香玉づくり
◆タイの松皮造り
◆タイそうめん　第5巻　第3話「技巧の極致」
◆スルメイカの肝の塩辛　第6巻　第4話「真冬の珍味」
◆ワサビと刺身　第6巻　第5話「辛味の調和」
◆白身の刺身の卵の花和え　第6巻　第8話「究極の作法」
◆養殖と天然のタイの違い　第7巻　第6話「天然の魚」
◆カワハギの肝　第9巻　第4話「黒い刺身」
◆フグ刺し
◆鱈の白子

◆フグの白子　第11巻　第2話「魚の醍醐味」
◆鯨の尾の身の刺身　第13巻　第1話「激闘鯨合戦」
◆オコゼの唐揚げと薄造り　第13巻　第2話「料理と絵ごころ」
◆ボタンハモ　第13巻　第3話「柔らかい酢」
◆アワビの水貝　第13巻　第5話「あわび尽し」
◆ウニ　第14巻　第1話「北海の幸」
◆ロブスターの刺身　第15巻　第6話「大海老正月」
◆鮫の刺身
◆鮫の湯ぶき　第17巻　第2話「エイと鮫」
◆土佐の赤牛の刺身
◆馬刺し　第18巻　第1話「生肉勝負」
◆健康な牛のレバーの刺身　第18巻　第2話「続・生肉勝負」
◆ゴリの刺身　第18巻　第6話「不器量な魚」
◆マカジキの刺身　第21巻　第6話「カジキの真価」
◆鰹のたたき　第23巻　第4話「カツオのたたき」
◆イカソーメン　第23巻　第6話「ばあちゃんの賭け」
◆明石のボタンハモ　第23巻　第8話「二人のスター」
◆タイ、スズキ、ヒラメ、活きタコの刺身
◆鰯の刺身　第23巻　第10話「白身魚の芸」
◆鰯のユッケ

◆ヒラメの刺身　第25巻　第5話「いわしの心」
◆イシガレイの刺身　第26巻　第8話「カレイとヒラメ」
◆タケノコの刺身　第27巻　第2話「究極の披露宴」
◆サザエの刺身　第27巻　第6話「素直な味」
◆タイの松皮造り
◆オコゼの刺身と薄造り
◆紙塩にしたタイの造り　第27巻　第7話「日本料理の理」
◆石垣島のツノマンとミーバイの刺身　第28巻　第2話「長寿料理対決!!」
◆鮭の洋風刺身の菊の花散らし　第30巻　第5話「鮭勝負!!」
◆マグロの刺身とさまざまな薬味
◆辛味大根とブリの刺身
◆辛味大根と暮坪カブとマグロの刺身　第32巻　第4話「薬味探訪」
◆フグ刺しの昆布張り付け置き　第37巻　第3話「猫ふぐ争議」
◆ホタルイカの踊り食い　第37巻　第6話「生きた宝石」
◆タイ、ヒラメ、カワハギ、メジマグロの刺身　第40巻　第3話「野締めと活き締め」
◆ウマヅラの薄造り　第40巻　第5話「味なウマヅラ」
◆イカの刺身と松前漬け
◆アワビの刺身と煮込み
◆貝柱の刺身と煮込み　第40巻　第6話「生モノ干しモノ」
◆鮭のルイベ　第42巻　第2話「札幌風料理」
◆ホタテの刺身　第42巻　第5話「無理な注文」

◆タイ、ヒラメ、シマアジの刺身
◆牛レバーの刺身　第43巻　第5話「食は人を表わす」
◆スズキの刺身　第44巻　第3話「心の傷」
◆ボタンハモ　第45巻　第2話「呪われた結婚!?」
◆スッポンの赤身と腸と肝臓の刺身　第46巻　第1話「究極のスッポン料理」
◆ハゼの刺身
◆ハゼの洗い　第46巻　第3話「ハゼの教訓」
◆極上の仔羊のカルパッチォ　第47巻　第1話「花婿の父」
◆ヒラメの薄造り
◆鯨の尾の身の刺身
◆明石のタイの刺身
◆牛肉の極薄切り刺身
◆タイの細造り　第47巻　第3話「結婚披露宴」
◆落としハモ
◆ハモ造り　第50巻　第1話「黒いマスコミ王」
◆牛のたたき　第51巻　第1話「再婚します！」
◆炭火であぶった大トロ　第53巻　第7話「掟破りの味」
◆ヒラメの昆布締め　第54巻　第3話「日本酒の実力」
◆ヤガラの刺身　第55巻　第1話「ヤガラの心」
◆太刀魚の刺身韓国風　第55巻　第2話「韓国と日本」
◆ヤシの実の刺身
◆マグロのネギトロ　第55巻　第4話「まり子の晩餐会」
◆タコぶつ

第55巻 第5話「料理人と評論家」
◆タイの刺身
第56巻 第4話「機転の鯛料理」
◆コンニャクの刺身
第57巻 第4話「コンニャク文化」
◆軍鶏の肝臓の刺身
第58巻 第1話「いじめを許すな！」
◆ラムの刺身
◆シマアジのしめたもの
第59巻 第2話「対決再開！オーストラリア」
◆とれたての鰯の刺身
第61巻 第2話「再起のとき!!」
◆小魚の刺身
第62巻 第3話「低予算披露宴 対決！」
◆フグの刺身4皿
第62巻 第4話「フグと刀」
◆ホース・ラディッシュと、マグロの赤身とブリとしめサバの刺身
第63巻 第4話「東西新聞の危機」
◆太刀魚の刺身
第64巻 第7話「武芸の道」
◆天然のハマチの刺身
◆鶏の刺身
◆仔羊の刺身
第65巻 第6話「美食倶楽部入門への道!!」
◆刺身の大盛り合わせ
第69巻 第2話「浮気計画!?」
◆鯉の洗い
◆鯉の皮の湯引き
◆ウツボのたたき
◆ニベの頭料理
◆城下かれいの刺身
◆タイの刺身の茶漬け
◆関アジの琉球
◆豊後牛のうれしの琉球
第71巻 第1話「日本全県味巡り大分編」
◆近海生マグロとコンニャクとロブスターの尾の身の刺身
第74巻 第1話「恍惚のワイン」
◆ワカメの芽株の刺身
◆阿武隈山のイノシシの刺身
第75巻 第2話「日本全県味巡り宮城編」
◆鯉の洗い
第76巻 第2話「結成!? 世界食の評議会」
◆シロウオの踊り食い
第77巻 第1話「食欲を呼ぶ味」
◆ハモの霜降り二種
◆雉ハタの薄づくり
◆カオリ・フェ
◆手作りコンニャクの刺身
第77巻 第5話「日本全県味巡り大阪編」
◆羽田沖のアナゴの刺身
第78巻 第5話「再起への活力源!!」
◆赤ナマコ
第79巻 第2話「挑戦！珍素材!?」

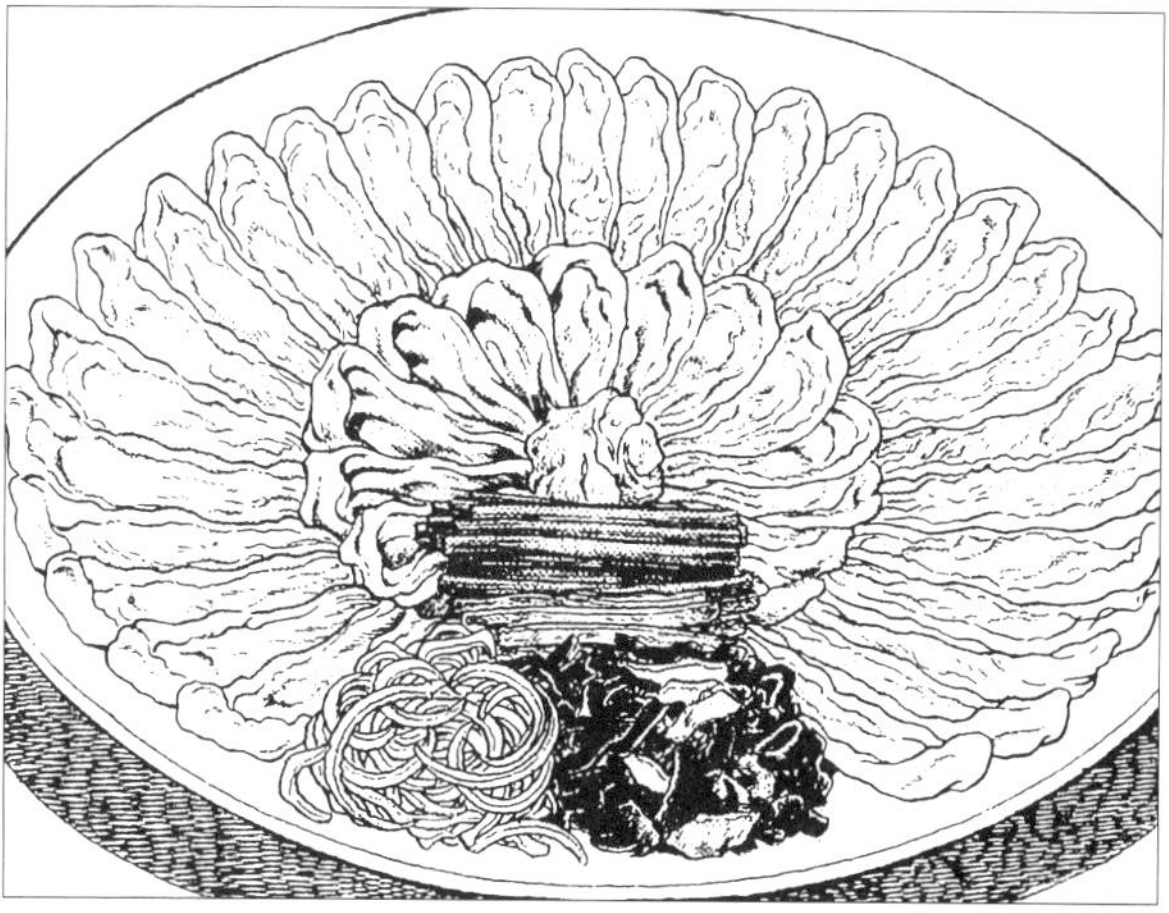

第五章

肉とニンニクと脂さえあれば…

第十二講◆焼き肉

日本では、焼き肉と言うと、韓国・朝鮮風の焼き肉と言うことになっている。花札の札くらいの大きさに切った肉片を、もみだれに漬けたものを、網、あるいは網状の鉄板で焼く。

最初に断っておくが、焼き肉の嫌いな日本人はいるわけがないと、焼き肉が好きな私は勝手に決め込んで話を進めることにする。まあ、もっとも焼き肉の嫌いな人間は最初からこの講は読まずに飛ばすだろうから、焼き肉嫌いな人間を無視して好き勝手を書いて構わないわけだ。（どうもそうなると、この文章はなんだか焼き肉中毒患者連盟の内部秘密文書みたいな感じがしてくるね）

焼き肉と言えば、私はなんといってもカルビですな。脂のたっぷり乗ったカルビをじゅうじゅういわせて焼き、頬張る。肉の焼けた香ばしい香りが脳天まで突き抜ける。それを一口二口噛むと、溶けた脂と肉汁が口中に溢《あふ》れる。すると、腹の底から凶暴な食慾のマグマが噴出して、「今日は食べる、徹底的に食べるぞっ！　店中のカルビを食い尽くすまで帰らないっ！」と、唇の周りの脂を実に卑しげな手つきで拭《ぬぐ》いながらわめく。

私が一番好きなのは、と言うより、私が命を生きながらえるためにすがってきたのは、肉と脂とニンニクなのだ。であるからして、焼き肉、なかんずくカルビに私が執着するのは、神の定め給うた運命なのではなかろうか。

今もまだ存在するかどうか定かではないが、私が学生の頃、ほんの三十年ほど前のことだが、渋谷に本格的な焼き肉を食べさせる店があった。その店は、経営者が北朝鮮出身で、店に入ると北朝鮮の雑誌が至る所においてあり、北朝鮮の素晴らしい発展の様子を写真で見ることができるだけでなく、有り難い金日成首領様のお言葉を読んで私たち腐敗堕落した日本人の常識が如何に時代外れの馬鹿げたものであるかが分かる立派な教育機関の役割も果たしていたのである。金日成はともかく焼き肉は旨かった。今流行の無煙焼き肉機などでなく、七輪の上に金網を載せ、その上で肉を焼くのである。換気装置もあることはあるらしいが、とても力が足りない。満員の客が一斉に肉を焼き始めると、もうもうと煙が立ち上り、隣の席の人間の顔も、向かいに座った友人の顔もかすんでよく見えなくなる有様。当然煙い。金日成首領様のお言葉が有り難いのか、なんだかやたらと涙が出る。しまいには、腹が一杯になったのか、窒息しかけて苦しいのかわけが分からなくなって店から転がり出ることになる。

とは言え、あの店の焼き肉は美味しかった。最近の焼き肉屋はみんな無煙焼き肉機と言うのか、肉を焼く網の脇から煙を強制的に吸い込む仕掛けになっている。煙たくないのはよいが、どうも、あの無煙焼き肉機は焼き肉の本来の味を大いに殺しているように私には思われる。あれは、煙と一緒に熱も吸い出してしまっている。そのせいで肉に十分な熱が行かず、結果的に弱火でとろとろ焼くのと同じことになる。肉を一番まずく食べるのは弱火でとろとろ焼くことである。焼き肉は強火で、ぐわっと、焼かなければ美味しくない。昔の、あの渋谷の焼き肉屋の親父が今の無煙焼き肉機を見たら、なんと言うだろう。「ほれ、見ろ。首領様のお言葉どおり、堕落した日本人は朝鮮人民の民族の宝である焼き肉文化を破壊してしまった」と言うんじゃないか。ううむ。その意見にだけは私は賛成してもよい。(でも、煙いのは辛いんだよな)

私は子供が生まれるまで、連れ合いに「俺は、人間という生き物は、肉とニンニクと脂さえあれば一生野菜なんか食べないで健康に生きることができることを見せてやる。医学とか、栄養学とか、そんなものが如何にしゃらくさいものか広く世界中の人類に教えてやるのだ」と、豪語していたのである。ところが、子供が生まれると、この子供たちを如何に健康に育てるか、一生懸命色々と勉強したおかげで、

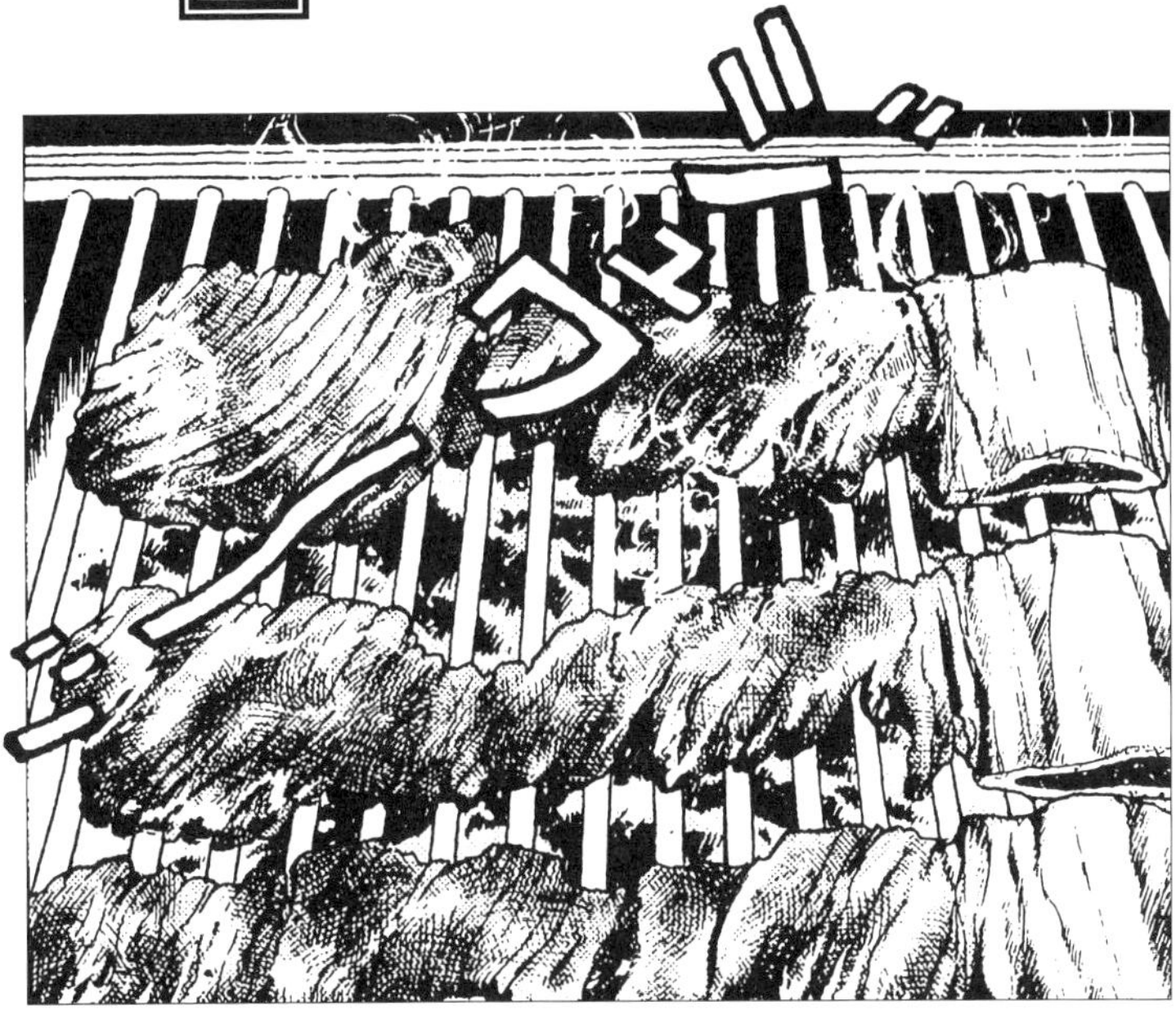

韓国一のカルビ・クイ（上）
牛肉のたたき（左）
●第22巻／第3話
「韓国食試合!」より

「究極のメニュー」韓日焼肉対決——韓国側が用意したのがカルビ・クイ。牛のバラ肉を、肋骨がついたまま切り開き、もみだれに漬ける。網の上にのせ、いい案配に焼けてきたらハサミで切り、さっぱりとしたつけだれにつけ、コチュジャンなどとともにサンチの葉にくるんで食べる。

山岡が用意したのが日本式の焼き肉、牛肉のたたき。牛ヒレ肉を塊のまま、まず上下の両端を焼き、じっくり転がして隅々までムラなく焙る。5ミリほどの薄切りにして、おろし生姜と薄切りニンニクをのせて食べる。焦げた肉の香り、にじみ出る肉汁を楽しむ。

私は、すっかり医学とか栄養学に毒され、今では、肉を食べたら必ず大量の野菜を欲するような体になってしまった。我ながら情けないことである。（教訓。大言壮語《たいげんそうご》は慎むべし）

今や私は栄養学や医学に毒された恥多き身ではあるが、相変わらず、カルビをはじめとする焼き肉が大好物である。で、あるからして、十五年ほど前に初めて韓国に行ったときには本場の焼き肉を食べられると言う期待に燃えて、体中、既にじゅうじゅう音を立てていたのである。

ところが驚いたことに、韓国に、日本で食べるような焼き肉はないことを発見した。当時、ソウルで一番人気があったのは豚の焼き肉だった。豚のバラ肉の部分をくるくると丸めて棒状にし、冷凍してしまう。注文があると、冷凍の棒状のバラ肉を機械で薄切りにして皿に並べて出す。それを直ちに焼く。たれは日本の焼き肉屋のたれと余り変わらない。で、味はどうかというと、これが美味しいんだなあ。バラ肉だから脂はたっぷり乗っているし、身の部分も甘くて申し分ない。いくらでも食べられる。牛肉より、あっさりしているかも知れない。実に堪能しました。大体、韓国人は、牛肉より豚肉の方を多く食べるのだそうだ。（私はすっかりその味の虜になって、日本に戻ってから焼き肉屋に行って注文したらそんなものはないという。これは一体どう言うことなんだ。ソウルで一番人気のある豚の焼き肉が日本にはな

至高のユッケ
●第18巻／第1話「生肉勝負」より

究極と至高の対決「生肉勝負」で海原雄山が用意した土佐の赤牛のユッケ。たれには貴腐ブドウで作る甘口のワイン、ソテルヌの銘酒、シャトー・ディケムを使用。好みで卵の黄身を混ぜ、梨の千切りと一緒にチシャ（サンチ）に包んで食べる。

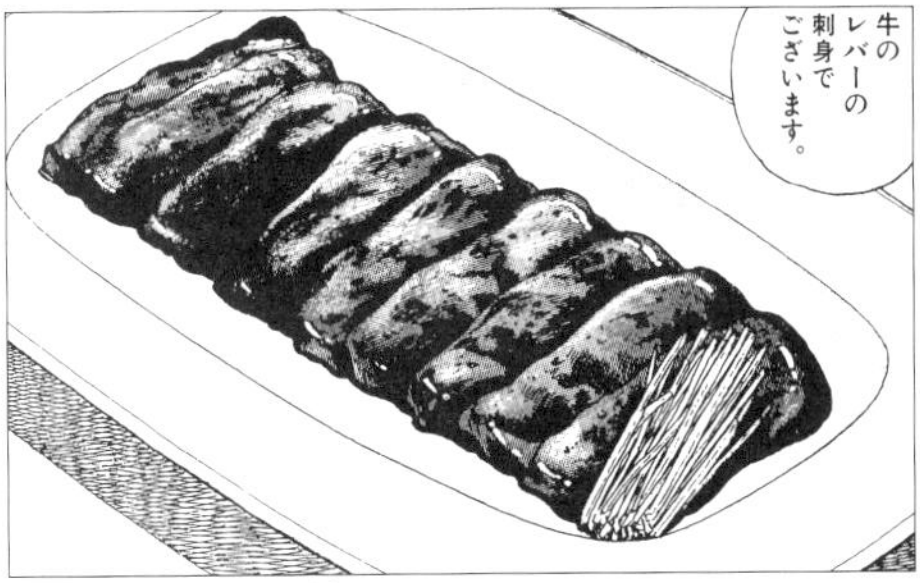

健康な牛のレバーの刺身
●第18巻／第2話「続・生肉勝負」より

有害物質や抗生物質がたまっている可能性がある肝臓——レバーの刺身は健康な牛のものを食べたい。鮮やかな小豆色、甘くてシャッキリ、清澄で豊潤な肉の旨味——健康に育てられた牛の美しい姿が浮かぶ美味しさ。

い。日本で韓国・朝鮮焼き肉と信じていたものがソウルにはない。おかしなことではありませんか）

とは言え、こっちは本場の焼き肉を食べるために来たのだ。何が何でも、本場の焼き肉を食べずに帰るわけにはいかない。こうなりゃ、決死隊の覚悟だ。

案内してくれた韓国人の友人に無理を言って、骨付きカルビを食べさせる店に行った。これは日本にもあるからご承知の方も多いと思うが、短く切ったあばら骨の周りに肉をぐるぐる巻きにしてたれに漬けてある。焼くときは、肉をほどいて、骨と十五センチほどの長さの肉を一緒に網の上に載せる。いい案配に焼けてくると、店のお姉さんがやおらハサミを持って登場してきて、肉と骨を切り離し、肉も五センチほどの長さに切り分けてくれる。

さて、これが私には分からない。どうせ、切るなら、どうして最初から切ってたれに漬けないのか。その方が味がしみて美味しいのではないか。しかもそのハサミたるや、決して調理用の特別のものではなく、小学生が工作のときに使うような、早い話が有り難みなど感じないちゃちなハサミなのである。錆《さ》びたりもしているし。

いずれにせよ、最初に書いたような、花札型に切った肉片を焼いて食べるような牛の焼き肉は普通のソウル市民の行く店ではお目にかかることが難しかった。今は、沢山あるらしいが、それは日本からの逆輸入だという。

ハラミの焼き肉
●第77巻／第5話
「日本全県味巡り 大阪編」より

ハラミとは牛の横隔膜。脂と赤身の配分が丁度良く、脂が乗っている上に肉自体の味も濃密、カルビより全体に味の品位が高い。仙台味噌、八丁味噌を合わせ酒とみりんで溶き、ゆずで香りをつけたものに約2時間漬けて焼く。韓国と日本の混合の味、山椒の粉をふって食べる。

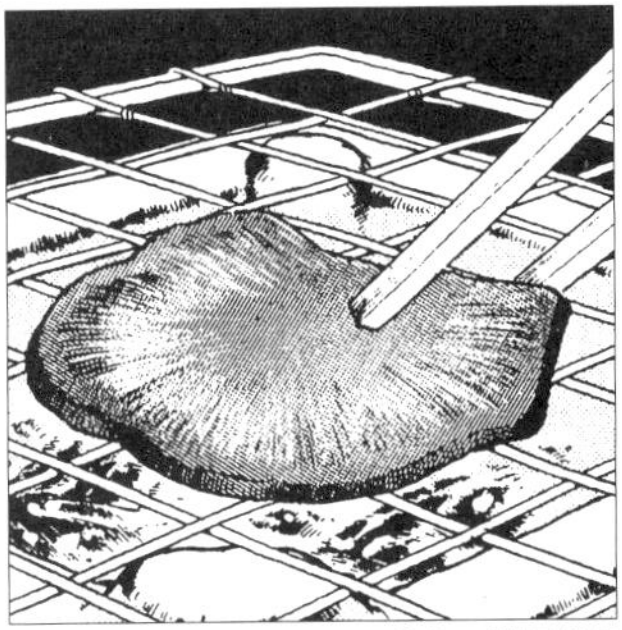

牛タン片面焼き
●第19巻／第3話「舌禍事件!」より

牛タンを網の上で焼きながら塩と胡椒を振り、片面だけ焼いて、タマネギのみじん切り、韓国産唐辛子の粉、好みでニンニクのみじん切りをよく混ぜたものをくるんで食べる。片側しか焼いていないので、肉汁を無駄にせずに楽しめる。

テッチャン焼き
●第72巻／第6話「テッチャンの愛」より

テッチャンとは韓国語で牛の大腸のこと。掃除して食べやすい大きさに切った大腸を、醤油、味噌、コチュジャン、酒、みりんを混ぜて作ったもみだれでもみ込む。

であれば、我々になじみの深い朝鮮・韓国焼き肉は、在日韓国・朝鮮人が作った料理なのではあるまいか。

そんなことを考えると、戦後の在日韓国・朝鮮人の歴史に思いを致さずにはいられない。もともと焼き肉は牛の内臓を使った「ホルモン」料理から始まったと言われている。食べるとホルモンが出て元気になるから「ホルモン」料理と言ったという説と、日本人は内臓の食べ方を知らないから捨ててしまう、すなわち内臓は「放るもん」である。それを、韓国・朝鮮人は美味しいのを知っているから食べた。その「放るもん」から「ホルモン」と言うようになったという説がある。日本人が放るものを食べなければならなかった、韓国・朝鮮人の思いは如何ばかりだったろう。

そんな歴史を越えて、今や焼き肉は日本の食文化に大きな位置を占めるようになった。こんな美味しいものを考え出して日本の食文化を豊かにしてくれた在日韓国・朝鮮人たちに感謝して、私はカルビをむさぼり食うのである。（しかし、カルビを食べ過ぎると腹が出る。ズボンがはけなくなる。それが問題だよな）

美《お》味《い》しんぼ塾

【第五章】肉とニンニクと脂さえあれば…

牛肉料理❖全リスト

［79巻まで］

『美味しんぼ』に登場した牛肉料理が大集合！最強の香り、あふれる肉汁を味わってください！

◆松坂牛の刺身
◆松阪牛の網焼き
◆牛モツの煮込み
◆三ツ星シェフの特製生ハム
第1巻　第5話「料理人のプライド」
◆平戸牛のステーキ
第2巻　第4話「日本の素材」
◆名人が焼くビーフステーキ
第3巻　第8話「肉の旨味」
◆魯山人風すき焼き
◆シャブスキー
第5巻　第6話「牛なべの味」
◆宮崎牛のステーキ
第6巻　第7話「牛肉の力」
◆ハンバーガー
第9巻　第1話「ハンバーガーの要素」
◆ニース風牛ヒレのステーキ
第9巻　第2話「食べない理由」
◆牛スジ丼
第9巻　第3話「再会の丼」
◆本格イタリア仔牛料理
◆仔牛の骨髄と脳みそとレバーパテ詰めマカロニのオーブン焼き
第9巻　第5話「5年目のパスタ」
◆三田牛のサーロインステーキ
第9巻　第7話「最高の肉」
◆仔牛の脳みそのパン粉焼き
第11巻　第2話「魚の醍醐味」
◆特製フォン・ド・ヴォーの牛ヒレステーキ
第11巻　第6話「フォン・ド・ヴォー」
◆牛の骨髄カレー
第12巻　第6話「日本風カレー」
◆豪快スペアリブ焼き
第15巻　第2話「家族の食卓」
◆すき焼きの脂身
第15巻　第7話「究極の裏メニュー」

◆土佐の赤牛の刺身
◆シャトー・ディケムを使ったユッケ
◆土佐の赤牛のカルパッチォ
第18巻　第1話「生肉勝負」
◆健康な牛のレバーの刺身
第18巻　第2話「続・生肉勝負」
◆村おこしのための牛肉料理
第19巻　第1話「対決！村おこし」
◆牛タン片面焼き
第19巻　第3話「舌禍事件！」
◆韓国の家庭のカルビ・チム
◆韓国一のカルビ・クイ
◆牛肉のたたき
第22巻　第3話「韓国食試合！」
◆薄切り牛肉オイル焼き
第27巻　第2話「究極の披露宴」
◆子牛の頭の丸焼き
第31巻　第4話「死出の料理」
◆三田の黒牛の角切り
第33巻　第5話「驚きの味」
◆牛肉薄切り牛骨ラーメン
第38巻　第1話「ラーメン戦争」
◆タスマニアの仔牛のステーキ
第40巻　第2話「オーストラリアン・ドリーム」
◆あぶり牛肉レタス包み
第41巻　第1話「内助の手」
◆牛肉のカラカラ煮
第41巻　第6話「おせち対決」
◆兵庫三田の牛肉雑煮
第41巻　第7話「お雑煮の記憶」
◆牛レバーの刺身
◆三田牛のサーロインステーキ
◆牛のモツ鍋
第43巻　第5話「食は人を表わす」
◆牛肉の佃煮そぼろサンドイッチ
◆牛肉味噌漬けと大根キムチのサンドイッチ
第43巻　第6話「サンドイッチ作戦」

◆仔牛の腎臓ソテーのマディラ酒ソースかけ
第45巻　第1話「和解の料理」
◆牛肉ガーリックライス丼
第46巻　第4話「究極の新居」
◆牛腿の骨髄のフォアグラソースかけ
第47巻　第1話「花婿の父」
◆薄切り牛肉の味噌漬け焼き
◆牛肉の極薄切り刺身
第47巻　第3話「結婚披露宴」
◆ニラの牛肉巻き
◆牛レバーとニンニクの炒め物
◆ニンニクの醤油漬けと牛の生肉のレタス巻き
◆牛の胃袋入りニラ雑炊
第48巻　第4話「缶づめと赤ちゃん」
◆関西風すき焼き
第48巻　第5話「夫婦別姓!?」
◆牛肉の味噌漬け弁当
◆牛タンとオックステールのシチューの洋風弁当
第49巻　第4話「お弁当同盟」
◆ローストビーフと牛肉のたたき
第51巻　第1話「再婚します！」
◆ポトフ
第53巻　第1話「心の味」
◆牛の脂身丼
第53巻　第7話「掟破りの味」
◆五目しゃぶしゃぶ
第53巻　第9話「鍋と野球」
◆牛挽き肉と豆腐のサンドイッチ
◆牛の照り焼きサンドイッチ
第54巻　第4話「父のサンドイッチ」
◆くず肉寄せ集めステーキ
第57巻　第5話「新聞戦争」
◆牛肉の串カツ

◆鉄板焼きステーキ
第58巻　第2話「串カツ論争」
第58巻　第4話「鉄板焼きの心がけ」
◆牛肉の南蛮揚げ
第61巻　第1話「猫とかつお節!?」
◆牛バラ肉の味噌漬け
第61巻　第2話「再起のとき!!」
◆牛すね肉の赤ワイン煮込み
◆牛の乳房の串焼き
◆松坂牛のステーキ落とし肉のミート・パイ
◆炮烙焼き風の牛の大腸
第62巻　第3話「低予算披露宴 対決！」
◆牛肉のそぼろガユ
第63巻　第4話「東西新聞の危機」
◆味噌仕立ての贅沢牛鍋
◆オージー・ビーフの肉煎餅と牛蒸篭
第65巻　第1話「オーストラリアの危機」
◆味噌味の牛肉丼
第68巻　第5話「父と子」
◆生焼け牛ステーキ
第69巻　第2話「浮気計画!?」
◆山岡特製牛肉丼
第69巻　第5話「カツオのへそ!?」
◆豊後牛の温泉蒸し
◆豊後牛のうれしの琉球
第71巻　第1話「日本全県味巡り大分編」
◆焼き肉とビール
◆テッチャン焼き
第72巻　第6話「テッチャンの愛」
◆ビーフシチューうどん
第73巻　第2話「和洋中混淆料理自慢大会」
◆仙台牛の吟醸粕漬け
◆臓物の煮込みキムチ
第75巻　第2話「日本全県味巡り宮城編」
◆ハラミの焼き肉

◆牛の胃袋ゆで
◆牛のアキレス腱ゆで
第77巻　第5話「日本全県味巡り大阪編」

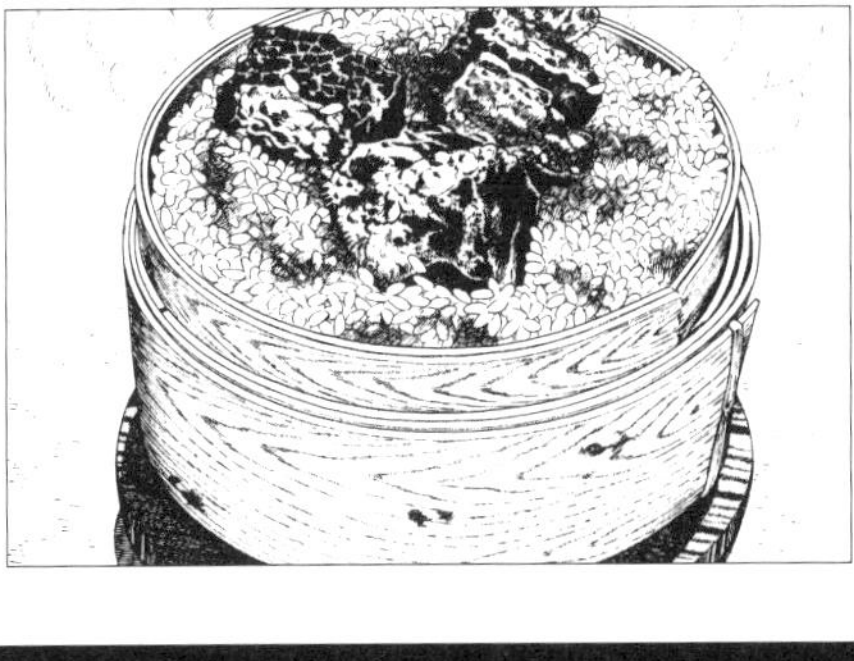

第十二講◆野菜

前にも書いたが、私は結婚したときに「おれは、人間は野菜なんてものを生涯食べなくても健康に生きられると言うことを自分の体で証明してみせる」と連れ合いに豪語した。私にとって、肉、脂、ニンニク、アルコールの四大栄養素が一番大事で、芋虫じゃあるまいし野菜なんか食べられるか、と威張っていたのである。

ところが、子供が生まれてみると、そうは行かなくなる。子供たちを健康に丈夫に育てたいと思ったら、やはり野菜をきちんと食べさせなければならないと認めざるを得なくなる。子供に、野菜を食べなさい、と言いながら、お父さんが食べないのでは示しがつかない。そこで、仕方なく野菜を食べ始めた。

食べ始めると、野菜は美味しいものであることが分かってくる。今ではむしろ野菜好きになった。と言うより野菜を食べないと心が休まらない、不安になるようになった。先ごろ、私と長男が小学館の編集者諸氏と食事をする機会があったが、その席で長男は「お父さんは、導火線の短い爆竹みたいだからな」と言って、編集者諸氏に大いに受けた。（息子よ、爆竹じゃ貧相過ぎるじゃないか。なぜ、ダイナマイトとか、爆弾とか、もっと格好いいものに譬《たと》えてくれなかったんだ。こづかい減らすぞ）長男の指摘は正しくて、私はすぐに感情的に爆発すると言う、人間としてごく自然な精神構造の持ち主であるようだが、この自然な精神構造が野菜を食べないでいるともっと自由に発揮されてしまうのである。ところが、野菜を十分に食べていると私の心は優しくなり、人を十発殴って十回蹴《け》るところを、三発程度軽く殴るだけで許してやるほどに寛大になれるのだ。野菜は精神安定剤であることも発見した。

ではあるが、積極的に食べる気になれない、食べた分だけ他のものが食べられなくなるのが勿体ないからできるだけ食べるのを避けたい、一生食べなくても構わない、その野菜自体存在しなくても少しも困らない、と言う野菜はある。

その例を挙げるなら、まず、カボチャだ。特に、栗カボチャとかいって、ほこほこしているカボチャが苦手だ。食べものが喉に詰まってむせる感じを私の母は「うっぷすっぷする」と表現していたが、正に栗カボチャは「うっぷすっぷ」する感じがして、私には辛い。同じカボチャでも、身の柔らかいものなら歓迎する。しかし、本当にカボチャが好きな人は栗カボチャが美味しいのであって、身の柔らかなカボチャは駄目だというのである。

ジャガイモも、メイ・クイーン系のねっとりしたジャガイモならあっても良いと思うが、男爵イモ系のジャガイモは「うっぷすっぷ」するので苦手だから、なくても良いと長い間思っていたのだが、先年札幌の『百仙』と言う居酒屋兼料理屋で、ジャガイモの黄金煮と言うのを食べて、あまりの美味しさに驚嘆した。これは、男爵イモを、たっぷりのバターの入ったスープで長時間ゆっくり煮るのだが、男爵イモは崩れやすいので、ちゃんと仕上げるのは大変に難しいのだそうだ。この男爵イモの黄金煮は舌の上でさらりとろりと溶ける。その溶け具合がなんとも官能的で、うっとりとなる。これが、メイ・クイーン系のジャガイモではさらりとろりと溶けるわけには行かないのだ。それ以来、黄金煮に限って、男爵イモはなくても良いどころか、なくては困る私の大好物になった。ポテトサラダも悪くない。ただし、マヨネーズをたっぷりかけないと、やはり喉に詰まる感じがする。

ジャガイモ料理で苦手なのは、肉ジャガと言うやつだ。肉じゃがは日本人の間で人気の高いお総菜の一つらしいが、肉ジャガをおかずにご飯を食べなければならないのなら、むしろ私は絶食を選ぶ。なぜ、そんなに嫌いなのか自分でも分からない。自分でも分からないところが好き嫌いと言うものの本質なのだ。

フレンチ・フライド・ポテト、ポテト・チップス、などに至っては、私はそれらのものを発明した人間を憎みますね。自分の家で作るフライド・ポテトは悪くない

ジャガイモのバター煮
●第67巻／第2話「ジャガイモ嫌い!!」より

ジャガイモが嫌いな中松警部のために山岡が作った特製料理。鰹節の一番だしと半ポンドものバターで、ジャガイモを4時間煮込む。独特の土臭さがなく、口の中でさらりと溶ける。

掘りたて新ジャガの塩ゆで
●第22巻／第4話「新ジャガの幸」より

塩ゆでした新ジャガ。瑞々しいねっとりとした感触と、さっぱりとした味を塩だけで食べる。丸ごと食べる大地の恵みの味。

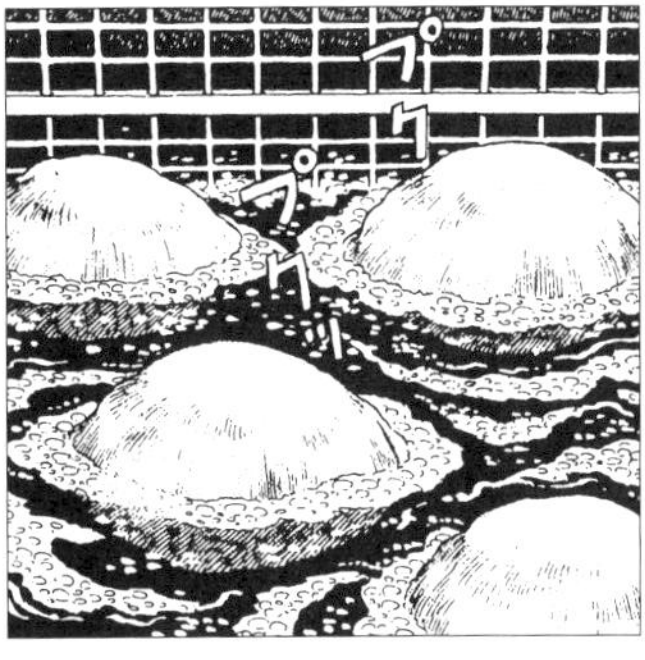

ポム・スフレ
●第14巻／第6話「ポテトボンボン」より

フランス料理の付け合わせに使われるジャガイモ料理。3、4ミリの厚さに輪切りしたジャガイモを、色がつかない程度に揚げる。冷めてからもう一度揚げると、風船のように膨らむ。香ばしく、プシュッとつぶれて、サクサクしていて、しかもおしゃれ。

が、レストランで出てくるフライド・ポテトのあの匂いがたまらない。

私は日本へ帰ってくるとホテル暮らしが多くなる。仕事に追われたり、一緒に食事をしてくれる人間が誰もいなかったりすると泣く泣くルーム・サービスで夕食を取ることになる。私は、一人で外食をするのが苦手なのだ。特に、夕食を料理屋で一人で食べるのは、わびしく悲しい。それくらいならホテルの部屋でテレビをつけて、テレビに出てくる人間に悪態をつきながら食べる方がましだ。（私は、本当に付き合いの狭い人間で、私と食事をしてくれる人間はほんの数人しかいない。それも、中年過ぎのおじさんばかりで、女性は老若を問わず一人もいない。特に、土曜日、日曜日に私と付き合ってくれる人間は皆無なのだ。これは、私の性格が悪いせいなのだろう。今のこの人生ではもう間に合わないが、次に生まれてくるときには、もっと人に好かれる性格になるように努力しようと思う。と心にもないことを言うのも性格の悪さの表れである）で、ルーム・サービスを取るときに私が気をつけるのは、「料理の付け合わせにフライド・ポテトを絶対付けないで」と注文することだ。一度、そう頼んだのに、料理にフライド・ポテトが付いてきたことがあった。その夜は、フライド・ポテトの匂いが部屋中に充満して、一人淋しくルーム・サービスで夕食を取る惨めさが数千倍にもなった。

ポテト・チップスは自家製のものは問題ないが、袋詰めの市販のものはたぶん最悪の食べものの一つだろう。まず、ポテト・チップスは油で揚げてあるが、あのような形で袋詰めにしておくと、よほど強力な酸化防止策を取らない限り油は酸化してしまう。酸化した油は人体に極めて有害なことは皆さんご承知のことだろう。さらに、食塩だ。ポテト・チップスにまぶしてある食塩の量は半端じゃない。子供のうちから、あんなにしょっぱいものを食べる習慣をつけてしまっては大人になってから困る。高血圧の原因の一つは食塩の取り過ぎであって、ポテト・チップス一袋を食べたら他の食べものの食塩の量を減らすべきだが、ポテト・チップスのしょっぱい味に慣れてしまうと、他の食べものもしょっぱくしないと食べられなくなる。ポテト・チップスを習慣的に食べて育つと成人病に罹る確率が高くなるだろう。きわめつけは大量の化学調味料がまぶしてあることだ。ポテト・チップスを四、五枚食べると、化学調味料のおかげで、舌がだるくしびれた感じになる。化学調味料を大量に使用すると一口口に入れたときには旨味を感じるが、その後口がたまらなくしつこく、舌の感覚を麻痺させる。子供のうちから化学調味料の味に慣らせてしまうと、まともな味が分からなくなる。それに、化学調味料は食塩のしょっぱさを実際より薄く感じさせる。勢い、より多くの食塩を使うことになる。ますます、高血圧、成人病への道を早めてくれることになる。自分の子供がとても憎くて「どうか、この子は、四十代か五十代で、脳溢血《のういっけつ》、脳梗塞《のうこうそく》、心臓疾患などで苦しんで死ぬように」とお考えの親御さんには持ってこいの食べものでしょう。

おっと、このままでは野菜の悪口で話が終わりそうだ。それでは後味が悪いので急いで方向転換して、私の好きな野菜の話をしよう。

野菜と言っても色々あるが、我々日本人にとって、大根は特別に大事な野菜の一つではなかろうか。刻んでみそ汁の実にしてよし、おでんの種によし、ぬか漬けによし、千切りにしてナマスにするのもよし、焼き魚にはぜひ大根おろしを添えてもらいたいし、干した大根を戻すと、色々な料理が楽しめる。

で、私が今まで食べた大根で一番美味しかったのはと言うと、これがフランスで食べた大根である。テレビの取材でフランスのノルマンディー地方に行ったとき、海岸近くの畑で大根とニンジンを栽培していると言うので見に行った。畑は砂地で、どうしてこんなところで大根とニンジンを栽培するのかわけが分からない。畑に生えているのを抜いて、ぽっきり二つに折ってそのまま生でかじって私は驚嘆した。甘みが強く、香りが立つ。そのまま、ぼりぼりと一本丸ごとかじってしまいたくなるほどの味だ。その味の秘密は何かと尋ねたら、畑の持ち主が「海藻だ」と言う。肥料として海藻を畑の深くにすき込む。その海藻がよい肥料になって、野菜を旨くするのだと、言う。

私は、海藻を利用するのは日本人が世界で一番と信じているから、その話を聞い

10億円の大根のスッポン煮

●第51巻／第2話「疑わしい日」より

今、自分が作ることのできる最高の料理——海原雄山自らが言う渾身の一品。器は尾形乾山の絵皿。織部の沓形茶碗でたてた茶がついて、値段は10億円。

寒ブリ大根

●第25巻／第4話「画伯とブリ」より

旬の寒ブリの旨味をすべて吸いとらせた大根煮。醤油と酒と生姜だけで煮たブリの身に、筒切り大根を入れてじっくりと煮て、寝かせたもの。ブリの美味しさが総合的に深く味わえる。

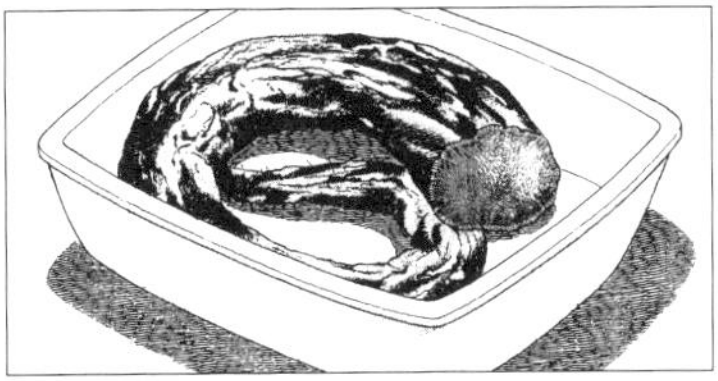

いぶりがっこ

●第37巻／第5話「すすけた宝物」より

東北名物の沢庵。イロリの上に吊して干すため、煙でいぶされて、燻製にしたような色と香りがついている。

桜島大根姿煮

●第68巻／第7話「究極の産後食!?」より

帝都新聞社長の嶺山家に代々伝わる自慢の料理。きめが細かく、柔らかい桜島大根の身が、鰹だしをたっぷり吸い込んでいる。食欲増進の力が湧く。

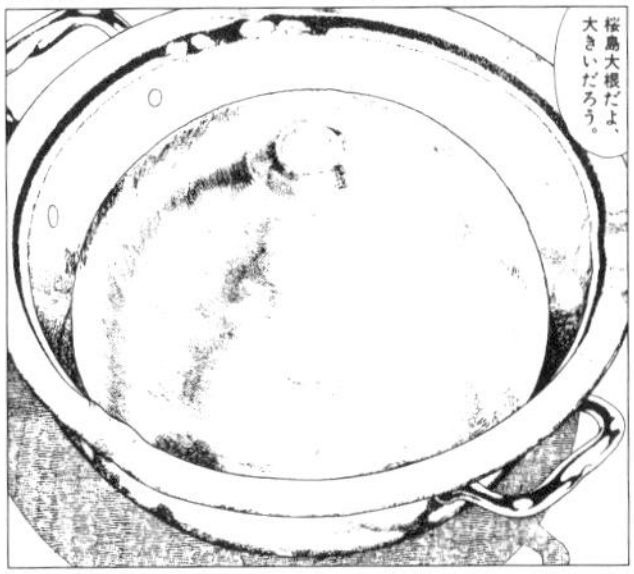

て、「やられた」と思った。しかし、それはフランス人が海藻を食べる習慣がないからである。日本人だったら、海藻は食べることを考えこそすれ、肥料にするのは勿体ないと思うに違いない。海藻の旨さを知らないフランス人は平気で肥料に使ってしまうと言うわけである。それにしても、その大根は、素晴らしく旨かった。だが、フランス料理に大根が出てくるとはあまり聞かない。尋ねてみると、パリの中国人街に出荷するのだと言う。なるほど、中国人なら大根の味はよく理解するはずだ。そうすると、パリの中華街の大根は日本でも味わえない美味しい大根と言うことになる。口惜《くや》しかったなあ。

私は、ナスも好きである。ナスを五ミリほどの薄切りにしたものそれだけを強火で、たっぷりのごま油で炒める。（このとき、肉や他の野菜は入れない。ナスとごま油の取り合わせの味を純粋に味わうのだ）仕上げに、ざっと醤油をかけ回す。それだけのものだが、これが、ご飯のおかずに最高だ。真夏に大汗をかきながら、このナスのごま油炒めを食べると、生命力がわき上がってくるように感じる。

ナスのぬか漬けもたまらない。良いナスを上手に漬けると切ったときの色が美しい。一番外の皮の色が鮮やかな、それこそ「なす紺」、それが内側に行くに従って赤みを帯びて紫色になり、しまいには桃色になり、身の飴色にとけ込む。甘みと酸っぱ味がほどよく交じって互を引き立て合う。すがすがしいが同時に何か古い記憶

ナスのごま油炒め

●第31巻／第2話「良いナス、悪いナス」より

5ミリ程度の厚さに切ったナスを、たっぷりのごま油で炒める。ナスの一切れ一切れがよく油を吸うように、念入りに、しかし手早く強火で。一気に醤油をかけ回して出来上がり。ナスのあくの強さと、ごま油のあくの強さがぶつかって、まろやかな味を作り出す。

ナスとキュウリのぬか漬け

●第60巻／第1話「第二の人生」より

右が浅漬け、左が古漬け。ご飯と食べても美味しいし、山岡いわく「これで酒を飲むととまらない」。

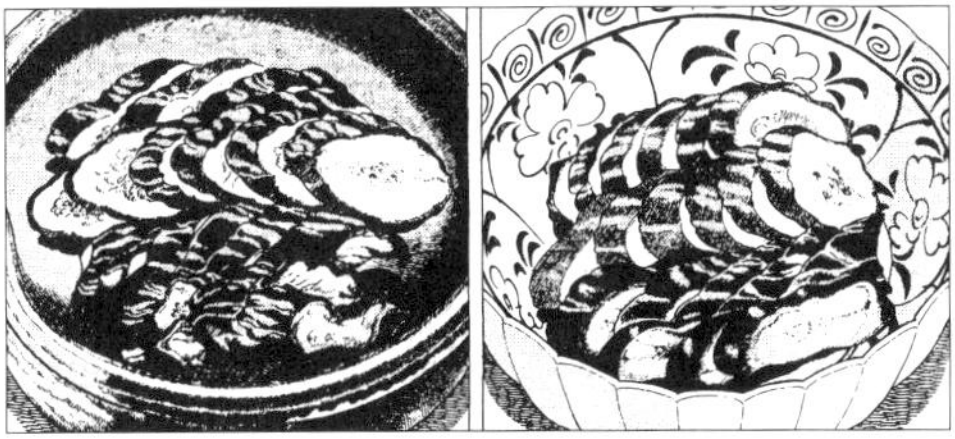

真心のナス料理4品

●第65巻／第4話「ナスで仲直り!?」より

ぬか漬けのナスの寿司（右上）、焼きナスのウニの塩辛のせ（右下）、加茂茄子フォアグラはさみ揚げ（左上）、蒸し小茄子の香り漬け（左下）。

を呼び起こすような懐かしい香り。これを、熱いご飯、お茶漬けで食べると、ああ、日本人に生まれてきて良かったと、胸の奥がじんとなる。

オーストラリアに住んでいて悲しいことの一つがこの日本風の美味しいナスが手に入らないことである。オーストラリアのナスは、皮が厚く身が固く、油で炒めても、ぬか漬けにしても美味しくない。そこであるとき、日本から種を買ってきて、家の庭の隅に蒔《ま》いた。芽が出て、苗が育ち、見事なナスの実がなった。正に、日本風のナスである。ごま油炒めにしても、ぬか漬けにしても、日本と同じ味が楽しめた。で、ナスの収穫が終わった後、私たちは不精なので、そのままに放っておいた。すると、驚くべし。枯れたと思ったナスが次の年に再び蘇《よみがえ》り、花を咲かせ、実をつけたのだ。ナスは多年性だったのだ。ところが、更に驚いたことに、二年目になったナスは、日本のナスとは似ても似つかぬオーストラリア風の大きくて皮の固いナスになってしまったのである。

私はしみじみと考えた。ナスでさえこうなのだ。人間も危ないだろう。オーストラリアに長居をすると家の子供たちがオーストラリア人になってしまうのではないか。（ナスを見てさえ自分の子供の行く先を案ずるところだけでも、私が実に立派な親であることを証明するのに十分であり、私の子供たちが私について言い続ける数々の悪口は全くの嘘であることは明らかである）私の人生は無残な失望の連続で、よい予感は必ず外れ、悪い予感は常に当たる。今や、私の子供たちは、植えて二年目のナスのように、オーストラリア化してしまった。日本へ帰ろうと私が懇願しても、嫌だと言う。

連中はオーストラリアのまずいナスでも平気なのだ。そんな子供に育てたのは誰だ。責任者出て来い。あ、それは、私か。（このせりふが多すぎると娘たちに指摘されたので、私はあえて使うのだ）

てなことを言っているうちに紙数が尽きた。野菜の話ばかりしていると芋虫になる恐れがあるので、この辺がちょうどいいところだろう。

野菜料理◆全リスト

［79巻まで］

『美味しんぼ』に登場した野菜料理が大集合！ 新鮮な香り、大地の風味を味わってください！

◆もぎたてトマトの丸かじり
◆大根の活け造り 第1巻 第8話「野菜の鮮度」
◆マッシュルームのスープ
◆ジャガイモのパンケーキ 第2巻 第6話「思い出のメニュー」
◆銀杏の朴葉焼き
◆京野菜の炊き合わせ
◆ふきのとうの田楽 第6巻 第3話「春のいぶき」
◆ナスの青煮
◆あちゃら和え
◆野菜のフルコース 第7巻 第8話「ボクサーの苦しみ」
◆天ぷらをうまくするぬか漬け 第8巻 第6話「二代目の腕」
◆美食倶楽部のピクルス 第9巻 第1話「ハンバーガーの要素」
◆自然薯のトロロ汁 第10巻 第6話「根気と山芋」
◆丹波黒大豆の枝豆 第14巻 第2話「ビールと枝豆」
◆ポム・スフレ 第14巻 第6話「ポテトボンボン」
◆石焼き芋 第15巻 第3話「ふるさとの唄」
◆フグ白子のキャベツ包み蒸し
◆キャベツの芯の細切り
◆カブのマッシュルームペースト詰め蒸し煮
◆山ブドウ漬けカブの鬼グルミすりのせ 第16巻 第5話「対決!!野菜編」
◆にぎりめしとキュウリのぬか漬け 第21巻 第8話「日本の根っこ」
◆新ジャガの塩ゆで 第22巻 第4話「新ジャガの幸」

◆フカヒレとモヤシのスープ
◆モヤシと卵の炒め物 第23巻 第9話「もやしっ子」
◆寒ブリ大根 第25巻 第4話「画伯とブリ」
◆ネギマ鍋 第26巻 第5話「江戸の味」
◆ワカメとワケギのぬた
◆鶏肉と野菜の煮付け
◆ふろふき大根 第27巻 第1話「本当のご馳走」
◆摘みたて野草料理 第27巻 第2話「究極の披露宴」
◆ジャガイモコロッケ 第27巻 第3話「父のコロッケ」
◆ベーコン鍋のジャガイモ 第28巻 第1話「残されたベーコン」
◆銀杏ご飯 第29巻 第7話「「究極」の弱点」
◆ハモ鍋の京菊菜 第30巻 第1話「大食い自慢」
◆ナスのごま油炒め
◆ナス焼き生姜醤油
◆ナスと湯葉の炊き合わせ 第31巻 第2話「良いナス、悪いナス」
◆ノビルのゆで酢味噌 第32巻 第1話「お見舞のキメ手」
◆グリーンアスパラのワサビの葉和え 第33巻 第1話「春の息吹」
◆ほうれん草のおひたし
◆小芋の網焼き
◆大根の風味焼き 第33巻 第5話「驚きの味」
◆焼きトウモロコシ 第34巻 第3話「兄のトウモロコシ」
◆レタスとアンディーブとセロリのグリーンサラダ

◆鉢植えの生トマト 第34巻 第5話「究極VS至高 サラダ勝負」
◆大根のステーキ 第35巻 第5話「おかず対決」
◆ミョウガの梅酢漬けと天ぷら 第40巻 第1話「忘れられない刺激」
◆山芋のぬか漬け 第41巻 第5話「意外な漬け物」
◆菜の花漬け 第43巻 第2話「菜の花五十年」
◆じゅんさいとハモの椀 第45巻 第2話「呪われた結婚!?」
◆ジャガイモのウニの塩漬け添え 第46巻 第4話「究極の新居」
◆芋ガユ 第48巻 第1話「家庭の味」
◆ニラの牛肉巻き
◆ニンニクとハツの串焼き
◆牛レバーとニンニクの炒め物
◆ニンニクの醤油漬けと牛の生肉のレタス巻き
◆ニンニクの蜂蜜漬け
◆ニラ雑炊 第48巻 第4話「缶づめと赤ちゃん」
◆中華風蒸しナス 第51巻 第1話「再婚します！」
◆10億円の大根のスッポン煮 第51巻 第2話「疑わしい日」
◆おマチ婆っちゃん自家製のニンジンスティック 第51巻 第4話「鶏の味、ニンジンの味」
◆ポトフ 第53巻 第1話「心の味」
◆肉野菜炒め 第53巻 第2話「初恋の肉野菜炒め」
◆”金沢名物“、治部煮 第53巻 第6話「猫が怖い!?」

◆焼津のマグロと大根の煮物 第53巻 第8話「「はんぺ」の味」
◆ナスとキュウリのぬか漬け
◆キャベツとスイカのぬか漬け
◆本物の沢庵
◆ナスとキュウリとミョウガの柴漬け 第60巻 第1話「第二の人生」
◆九条ネギと根深ネギと下仁田ネギの鶏鍋 第61巻 第4話「断筆宣言!?」
◆ジャガイモとリークのスープ 第63巻 第3話「ゼロからの出発」
◆空豆のスープ 第63巻 第4話「東西新聞の危機」
◆葉ニンニク入り麻婆豆腐 第64巻 第1話「麻婆豆腐の秘密」
◆エンダイブとチコリーのブルーチーズサラダ 第64巻 第2話「野菜の名前」
◆タコ大根
◆豚バラ大根 第64巻 第3話「それぞれの才能」
◆青紫蘇の葉の味噌巻き焼き 第64巻 第4話「食欲不振の治療薬!?」
◆蒸しナスの香り漬け
◆焼きナスのウニの塩辛のせ
◆加茂茄子フォアグラはさみ揚げ
◆ナスの寿司
◆民田茄子の芥子漬け 第65巻 第4話「ナスで仲直り!?」
◆山芋拍子木切り
◆山芋そうめん 第67巻 第1話「舌で味わう!!」
◆ジャガイモグラタン
◆カレーイモ
◆ジャガイモのバター煮 第67巻 第2話「ジャガイモ嫌い!!」

美味《おい》しんぼ塾

【第五章】肉とニンニクと脂さえあれば…

◆きんぴら
第67巻　第6話「新しい家族」
◆完熟プチトマトのクルミたれかけ
◆菜の花のおひたし
第68巻　第5話「父と子」
◆小芋と大根の煮物
第68巻　第6話「東大病を治す!?」
◆スグキ巻き
◆高菜のおにぎり
◆桜島大根の姿煮
第68巻　第7話「究極の産後食!?」
◆曲がったキュウリ「四葉」のぬか漬け
第69巻　第1話「野菜が危うい」
◆果物のようなトウモロコシ
第70巻　第2話「新聞記者とトウモロコシ」
◆コーンスープ・タピオカ
◆白ダツとモロッコ豆のごまクリーム和え
◆こねり
◆だんご汁
◆うるか鍋
◆いもきりけんちゃん
第71巻　第1話「日本全県味巡り大分編」
◆トロロ汁と麦飯
第72巻　第8話「トロロの深み」
◆オクラと生麩の煮物
◆オクラの精進揚げ
◆オクラ納豆
◆オクラの味噌汁
◆オクラサラダ
第73巻　第3話「食い違い解消法!?」
◆走りの銀杏のかき揚げ丼
第75巻　第1話「のれん分けの意味」
◆おくずかけ
◆トイ汁
◆あざら
◆ごろんべ鍋

◆はっと汁
◆へそ大根の煮物
◆ずんだ飯
◆大根飯
第75巻　第2話「日本全県味巡り宮城編」
◆コゴミと山芋とタケノコの前菜
第76巻　第4話「雄山の危機!?」
◆野菜プディング入り八百屋のスープ
第76巻　第5話「父のスープ」
◆ジャガイモの冷製ポタージュ
第77巻　第1話「食欲を呼ぶ味」
◆クラゲとキュウリと椎茸のごま酢和え
◆蝦加良オクラ入り
◆牡丹百合根
◆新銀杏バター煎り
◆泉州玉ネギと紅ズイキの卵とじ
◆荏ごまとキュウリと大根と白菜とニラのキムチ
◆タニシとワケギの酢味噌和え
◆じゃこ豆
◆はすね餅
◆若ゴボウのサラダ
◆河内のっぺ
◆紅ズイキの煮物
◆水ナスのぬか漬け
◆毛馬キュウリの金山寺味噌つけ
第77巻　第5話「日本全県味巡り大阪編」
◆ポテトサラダ
第78巻　第3話「ワイン大作戦!?」
◆ワタリガニと野菜の煮物
第78巻　第8話「副部長、受難…!?」
◆巻き海老のバルサミコ酢とすりごま和えのカイワレのせ
◆里芋とタコの煮物
◆芽キャベツとジャガイモとベーコンとタマネギの牛乳煮

◆沢庵の古漬けの粕汁
第79巻　第1話「野菜知らず」
◆ワサビの葉と茎
◆ゴボウの黒ナマコ巻き
第79巻　第2話「挑戦！珍素材!?」
◆有機栽培のニンジンジュース
第79巻　第4話「適材適所!?」

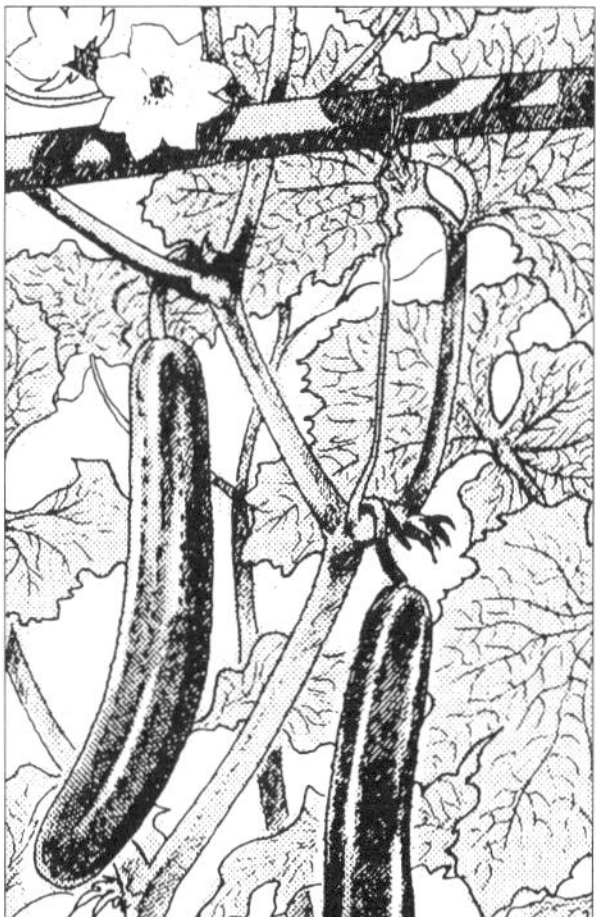

第十三講◆キムチの心

私は初めてキムチを食べたときに、一体どのような凶悪な人間がどのような悪意を持ってすれば、このような、舌も、喉も、食道も、胃も焼き尽くすような毒物を食べものの振りをして人に食べさせることができるのだろうかと、人間の心の奥に潜む残虐性並びに嗜虐《しぎゃく》性について深く思いを致したものである。

私は白菜の漬け物が大好きである。食べるときに、ちょちょいと七味唐辛子をかけるのもおつなものだ。よく漬かって酸っぱくなった白菜でもって、焼き海苔で巻くようにしてご飯を巻いて食べると、これはたまらんよね。白菜の漬け物とご飯の取り合わせは、心を和ませ、家庭の幸せをしみじみと味わわせてくれるので、ついうっかり「かあちゃん、愛しているよ」などと心にもあることを口走ってしまって、連れ合いとの力関係に於いてますます圧倒的にこちらが不利になってしまい、私が小人物であることが、疑いもなくばれてしまうのだが、向こうだって大人物と結婚したつもりはないはずだから、それでいいのだ。

いや、ここで、私と連れ合いの力関係を白状しても仕方がない。私が言いたいのは、日本の白菜の漬け物はかくも穏やかで優しい味わいを持っているのに、どうして、同じ白菜がキムチになるとああも攻撃的な食べものになるかと言うことなのだ。と言いながら、私たちは一九八八年にオーストラリアに引っ越してきたのだが、この十年以上我が家ではキムチを切らしたことがない。私はキムチが好きだが、日本にいるときにはここまで毎日キムチを切らすことがないほどは食べなかった。それが、日本から何千キロも離れた南十字星の輝くオーストラリアでどうしてこんなにキムチを食べるようになったのか。

その理由は簡単明瞭《めいりょう》、オーストラリア、特に私の住んでいるシドニーには韓国人が大勢移民してきているからなのだ。シドニー近辺で日本人の総数は四千人から五千人であるのに対して（シドニーの日本人の大半は企業の派遣社員であって、移民は少ない。その日本企業の社員たちは日本の景気が悪くなって以来どんどん日本に引き揚げて行ってしまい日本人の数は急速に減ってしまった）、韓国人は二万五千人以上いる。

それだけ韓国人が多いと我々も出合う機会が増えてくる。

私の家の隣は韓国人一家であるし、そのほかに二家族仲良く付き合っている韓国人がいる。

私の家はみんな漬け物好きで、私の母が日本から担いできてくれたぬか漬けの床を連れ合いが後生大事に守っていて、私の家に遊びにくるオーストラリア在住日本人たちは、ナスやキュウリのぬか漬けを食べて、目を潤ませる。

そんな案配なので、私の家では漬け物に不自由してはいないのだが、あるとき、韓国人の友人の奥さんが私たちのために特別に作ってくれたキムチを持ってきてくれた。

まあ、その美味しいこと！

白菜のキムチなのだが、中を見ると、牡蠣《かき》、スルメ、あみなど、美味しい味が出るものがいっぱい入っている。それが十分に発酵して、素晴らしい香気を放っている。

後で他の韓国人に尋ねたところでは、牡蠣を入れるのはキムチとしても最高のものので、それはずいぶん気張って作ったんですよ、と言うことだった。その奥さんは、二週間に一度ほどキムチをくれて、それが私たちの大きな楽しみだったのだが、最近体を壊したとかで、作って貰えなくなってしまった。今でも、家中、「ああ、はなさん（奥さんの名前）のキムチが食べたいねえ」と言い言いしている。

驚いたのは、私の連れ合いの母親がキムチを気に入ってしまったことだ。義母は日本にいたときにはそんなにキムチを好んで食べていたわけではないのに、シドニ

キュウリのキムチ、角切り大根のキムチ。

白菜のキムチににらのキムチ…

ああ、それは荏《え》ごまの葉だよ。荏ごまってのはシソ科の植物で、その実はごまの代用になるんだ。

朝鮮ではこの荏ごまの葉で肉や魚を巻いて食べるんだよ。

ワタリガニを漬けたもの。

じゃこと獅子唐のキムチ。

いろいろな臓物の煮込みのキムチ。

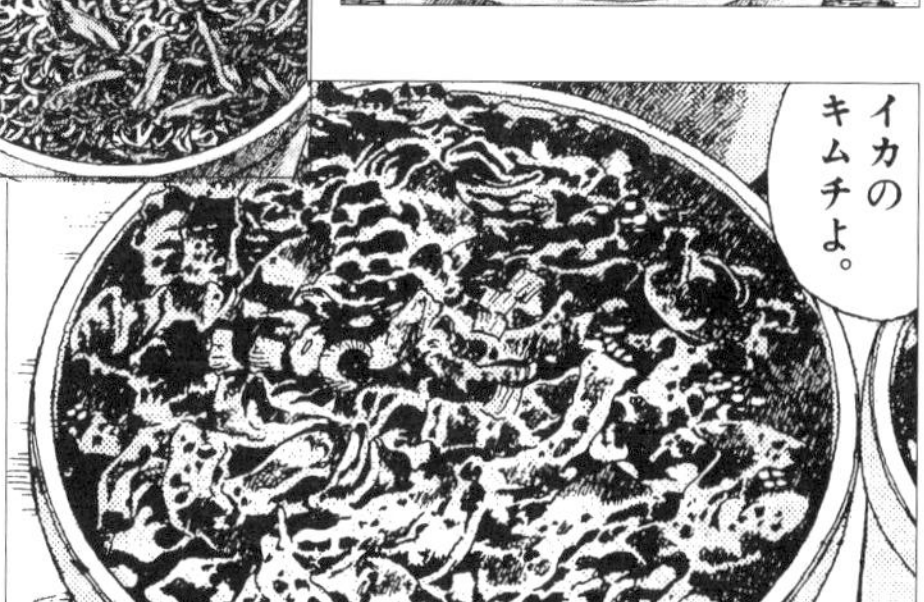
イカのキムチよ。

キムチ
●第77巻／第5話
「日本全県味巡り 大阪編」より

大阪の鶴橋と桃谷で見つけたキムチの数々。韓国と日本の歩んできた歴史が生んだ味でもある。

キュウリ、角切り大根、白菜、ニラのキムチ、荏ごまのキムチ、ワタリガニのキムチ、じゃこと獅子唐のキムチ、臓物の煮込みのキムチ、イカのキムチ。

ーでキムチに目覚めてしまったのだ。私の家では、義母が第一優先であるから、義母が好きだと言うことになるとキムチは常に食卓に用意されていなければならない。

ところが、このキムチというものがまた強烈な習慣性を持っているのである。一口食べて、「ひぃぃー！　辛い！　ぎぇぇぇ辛い！　こんなもの食べるなんて韓国人はどうかしてるぜっ！」などと、悲鳴を上げる。ところが、口の中の辛さが鎮まると、どう言うわけか、また一口食べたくなる。そしてまた同じ騒ぎを繰り返す。

「どひゃーっ！　辛いよーっ！　助けてくれーっ！　ひどい、あまりにひどいっ！」なで、辛さが鎮まると、また一口食べてしまう。こうして、気がつくと、自分が立派なキムチ中毒患者になっていることに気がつくのである。

最初にも書いたとおり、私は初めてキムチを食べたときに、どうしてこのようなものが食べものとして存在することが許されるのか、と人道的な立場に立って深く思い悩んだのであるが、本物のキムチを食べると、そのような不毛な思考はものの見事に粉砕される。「こんな辛いものを食べるなんて、韓国人はどうかしてるんじゃないの」と言った人間がいつの間にか「いやあ、韓国の食文化は奥が深いなあ」と言うようになってしまうのだ。家の子供たちもそうだった。最初は、食べると直ちに死んでしまうくらいの強烈な作用を持つ毒物のように思って、手をつけるどころか、見るのも避けるようにしていたのが、いつの間にか、豚肉の生姜焼きにも、焼きうどんにも、チャーハンにも、どばどばとキムチを混ぜ込んで食べるほどの中毒患者になってしまっている。そんなわけで、私も、キムチの辛さこそが、実に口惜しいことながら日本の食文化がみすみす見のがしてしまったものであることを痛感することになったのである。

なぜ、みすみす見のがした、などと言うかといえば、それは、唐辛子は日本を経由して韓国・朝鮮に入ったものだからなのだ。もともと、唐辛子は南米原産である。それを、南米を侵略したスペイン人たちが世界中に広めたのだが、日本にもたらされたとき、日本人はその辛さを食べものとして受け付けなかった。唐辛子の成分が血行を良くすることを知って、冬の間に足袋の中に入れて霜焼けを防ぐのに使った。

一方、日本から朝鮮半島に渡った唐辛子は、韓国・朝鮮人の味覚を捉えた。霜焼けを防ぐものとして足袋に入れずに、調味料として口に入れた。それがよほど、韓国・朝鮮人の嗜好に合ったのだろう。十数年前に初めて韓国に行ったとき、市場に並ぶ唐辛子の種類の多さに驚嘆した。用途に合わせて色々品種改良を続けた結果なのだろうが、唐辛子と言うたった一種類の野菜にあれだけの変種を作る情熱には感嘆せざるを得なかった。日本人は、残念ながら唐辛子を味わう味覚能力がなかったのだ。

私は、世界各地を回ってみて、不思議なことに気がついた。タイは唐辛子を使う。隣のベトナムは使わない。中国では四川《しせん》地方は唐辛子を使う。しかし、他の地方では香辛料程度に軽く使うだけで、四川料理のようにしびれるほど辛くなるまで使わない。インドはカレー料理が有名だから、辛いと思うかも知れないが、スリランカやタイに比べれば意外にも穏健な辛さである。私の経験では、スリランカとタイが地獄の辛さである。うむ、メキシコもひどかったな。中近東は殆ど使わない。ヨーロッパも、ちょっと彩りに使う程度である。

死ぬ気で辛さに挑戦するのは、メキシコ、中南米、タイ、スリランカ、あたりではなかろうか。唐辛子愛好国は世界中に一様に広がっているのではなく、まだら状に点在するのである。日本人は、キムチを食べるようになったとは言え、唐辛子の摂取量は韓国・朝鮮人に遙かに及ばない。韓国人は刺身を食べるのに、わさびではなく、唐辛子をたっぷり入れて食べるのである。

しかし、色々な唐辛子を試してみて、唐辛子は暑い気候の土地でとれるものの方が辛いと言うことに気がついた。スリランカ、タイ、メキシコの唐辛子はすさまじく辛い。更に、私は試したことがないが、アフリカの唐辛子は調理する際に素手でさわってはいけない、と言うほど辛いそうだ。（さわっていけないようなものをどうして食べるんだと私は言いたい）

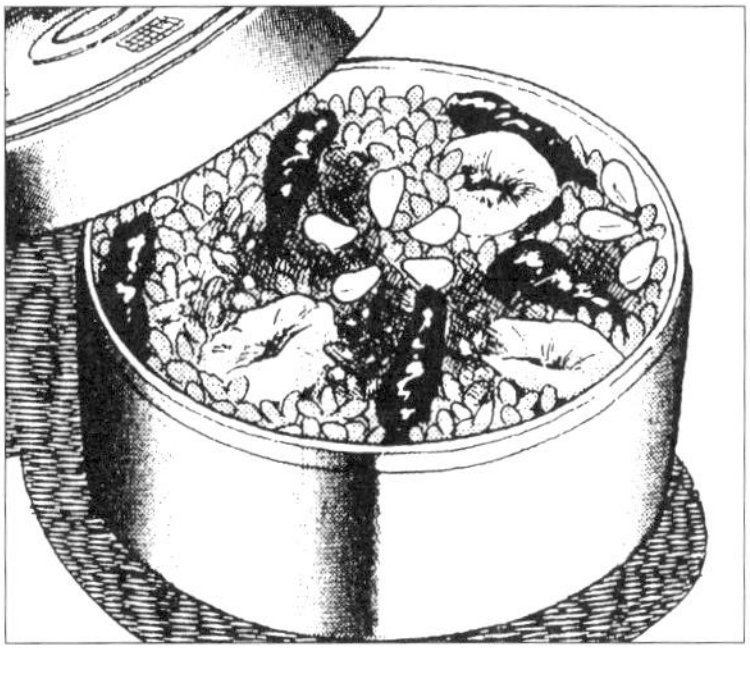

韓国の家庭料理
●第22巻／第3話「韓国食試合!」より

韓国・ソウルの一般家庭の味。上からカルビ・チム、ムル・キムチ、ジョン、ヤク・シク。カルビ・チムは、タコのぶつ切りを鍋の底に敷いて、バラ肉を蒸し煮したもの。肉の旨味がふっくらと広がり、タコも柔らかくて美味しい。

一方、韓国・朝鮮の唐辛子は実はあの真っ赤な色の割にあまり辛くはないのである。他の国の唐辛子と比べてみると、甘みがあって、香りがよい。辛さも程々である。考えてみれば、キムチだって、最初は大騒ぎするが、すぐになれるところをみると、本当のところ死ぬほどは辛くないのだ。スリランカや、タイで、脳の血管が破裂するのではないかと心配になるほど辛いものを食べて半死半生になる経験をして以来、私は、韓国・朝鮮の唐辛子の辛さは穏健なものであることを知った。韓国・朝鮮の冬は寒い。その気温の低さが唐辛子の辛さをちょうどよい案配に調節してくれるのではなかろうか。

キムチが辛いなどと言う人がいたら、一度、メキシコに行って、緑色で、長めの唐辛子を食べてみることをおすすめする。あれは、辛いと言うのではない。ナイフを舌に突き立てられたか、熱湯を舌にかけられたか、そんな感覚だ。辛いのではなく、痛い。それも、意識が遠くなるのが自分でも分かるほどの強烈な痛さだ。

スリランカの唐辛子も、タイの唐辛子もひどい。私はあるとき、タイの大会社の社長に食事に招かれた。それも、タイで有名な女優さん二人が同席してくれると言う。レストランに登場した二人の女優さんは、美人で、細身で、上品で、素晴らしいスタイルで、私の血液の温度は百度近くに上昇してしまった。私も日本男児だ。この機会を逃してたまるものか。食事の間に、連絡先などきちんと聞いておいて直

アイナメのチゲ
●第22巻／第3話「韓国食試合!」より

チゲとは鍋料理の総称。唐辛子とニンニクをたっぷり入れ、コチュジャンで味つけする。辛くてやめようと思ってもやめられない強烈な美味しさ。二日酔いに最適。

マズ最初ニ、タイ風ノエビノスープデス。
「トム・ヤム・クーン」トイイマス。

トム・ヤム・クーン
●第22巻／第1話「食品成分表の怪」より

タイの海老のスープ、トム・ヤム・クーン。香草の香り、唐辛子の辛さが効いて、さっぱりしていて食慾に火をつける。

スリランカの干し魚カレー
●第24巻／第1話「カレー勝負」より

生の赤唐辛子の辛さが効いたスリランカのカレー。香草のセーラが加わり清々しい香りに。現地では手で食べる。

ちに活動に移るのだ。気が勇みましたな。

さて、食事が始まった。全て純粋のタイ料理である。一口、口に入れただけで、あまりの辛さに、鼻水、涙、汗が吹き出る。私は、ハンカチ、ティッシュペーパー、全てを動員して鼻、眼、顔、頭を拭きまくる。女優さんたちはと見ると、顔色も変えずに次々に料理を平らげていく。汗一つかかない。私は何か気の利いたことの一つも言わないとまずいとは思うのだが、出てくる料理、出てくる料理全てが拷問用に調理されているものとしか思えず、鼻水を絶え間なく拭き続けて、意識も半分消えかけている私の言うことが女優さんたちに通じるわけもなく、しまいに唐辛子にかぶれて唇がタラコ唇になってしまい、自分でも何を言っているのか分からなくなり、さっさと食事を終わった女優さんたちが冷たい目で私たちを見下ろして帰って行くのを汗を拭きながらただ呆然と見送るだけだったのである。

世の中は広い。中には、勇気があるというか、無鉄砲というか、早い話が思慮の浅い人がいて、「よおし、おれは世界中の辛いものを征服してやるぞ」などと、八幡様に願をかけて、そのまま世界に飛び出してしまったりするかもしれない。

そう言う人に忠告しておくが、まずはなんと言ってもキムチですよ。辛さも、穏やかで、味の奥行きも、幅も、こくもあって、ゆったりとした気持ちにしてくれる。この、ちょうどよい辛さで、それでも、一応挑戦する気持ちにさせてくれるところがキムチの優しい心持ちなんじゃなかろうか。
最初の文章と大分趣が違ってしまったが、まあ、人生なんて、こんなものですよ。

韓国料理❖全リスト
[79巻まで]

『美味しんぼ』に登場した韓国料理が大集合！韓国からの怒涛のパワーを味わってください！

◆日本の辛すぎるキムチ
◆唐辛子の違い
◆本場のキムチ
◆アワビの肝の酒蒸し
第10巻　第3話「キムチの精神」
◆ニンニクのホイル焼き
◆ニンニクの蒸し物
◆ニンニクの味噌味の油炒め
◆ニンニクスープ
第13巻　第6話「にんにくパワー」
◆土佐の赤牛のユッケ
第18巻　第1話「生肉勝負」
◆健康な牛のレバーの刺身
第18巻　第2話「続・生肉勝負」
◆チヂミ
第19巻　第4話「韓国風お好み焼き」
◆トンテのチゲ
◆カルビ・チム
◆イシモチのチム
◆ワタリガニのチム
◆ヤク・シク
◆ムル・キムチ
◆ヘッ・キムチ
◆ベチュ・コッチョリ
◆ジョン
◆スジョンカ
◆韓国一のカルビ・クイ
第22巻　第3話「韓国食試合！」
◆鰯のユッケ
第25巻　第5話「いわしの心」
◆韓国風焼き肉プルコギのチシャ包み
第26巻　第6話「世界を包む」
◆ニンニクとワカメのスープ
第37巻　第1話「努力の和三盆」
◆韓国風牛テールスープ
第41巻　第2話「母のスープ」

◆キムチとタラコのサンドイッチ
◆牛肉味噌漬けと大根キムチのサンドイッチ
第43巻　第6話「サンドイッチ作戦」
◆大根と白菜の水キムチ
◆蔘鶏湯
第50巻　第1話「黒いマスコミ王」
◆太刀魚の刺身　韓国風
◆テッチャンナベ
◆コプチャン・クッ
第55巻　第2話「韓国と日本」
◆韓国風ネギ焼き
◆韓国釜山式ネギ焼き
第62巻　第2話「15年ぶりの共同作業」
◆韓国風海苔巻き
◆キムチラーメン
第65巻　第1話「オーストラリアの危機」
◆テッチャン焼き
第72巻　第6話「テッチャンの愛」
◆荏ごまのキムチ
◆キュウリのキムチ
◆角切り大根のキムチ
◆白菜のキムチ
◆ニラのキムチ
◆イカのキムチ
◆じゃこと獅子唐のキムチ
◆臓物の煮込みのキムチ
◆ワタリガニのキムチ
◆ニラとキムチのチヂミ
◆韓国の餅各種（シュパン／インジョリミ／シルトッ／ソンピョン）
◆カオリ・フェ
◆セキ・フェ
◆ハラミの焼き肉
◆韓国酒「ハリン18品」
◆チャンジャ
◆ホルモン各種（蒸し豚／ゆでた牛の胃袋／ゆでた牛のアキレス腱／豚の血の腸詰）
第77巻　第5話「日本全県味巡り大阪編」
◆韓国風ワカメニンニクスープ
第78巻　第3話「ワイン大作戦!?」

第六章

我が家の特別メニュー

絶対にこいつだけとは一緒に鍋を囲みたくないと思う人間が、貴方にはいませんか。
私は、自分で言うのも何だが、性格円満かつ温厚で、人に対する好き嫌いもなく、来る者は拒まない、非常に丸い人間である。それでもそいつが箸を突っ込んだ鍋に自分の箸を入れるのは死んでも嫌だと思う人間が数百人はいますね。

日本人は何かと言うと、自分たちは潔癖な国民性を持っていると言いたがる。日本の神道はキリスト教や、イスラム教などと比較すると、実に不思議な宗教で、統一された教義と言うものがない。私は、神道を勉強しようと思って、何しろ初心者だから、「神道の基礎」「これで分かる神道の全て」「貴方も神主になろう」とか、色々神道の本を読んだのだが、分かったことはと言えば、「何も分からん」と言うことだけだった。何てったって、神様の数が多すぎる。仏教が入ってくると神仏混《こん》淆《こう》などと言って、実はあの神様は仏教の方では何々菩薩《ぼさつ》のことであって、などと、よく言えば融通無碍《ゆうずうむげ》、悪く言えば、いいかげんだ。（そこが本当はとてもいいのだ

けど）
しかし、一つだけ分かったのは、穢《けが》れと言うことを極端に恐れ、清めとかみそぎに重きをおくことである。
そこから、日本人は潔癖さを好む民族だなどと、誇らしげに言う日本人が多いのだが、本当に日本人は潔癖だろうか。
最近は温泉がえらい人気らしいが、温泉では普通、大浴場に皆で入りますな。私は男の体は見るのも嫌で、大浴場に裸の男がごそごそ動き回っているのを見ると、心底気分が悪くなって、ゴキブリ退治の殺虫剤でも撒《ま》いて回ろうかと思う。体を洗おうと洗い場の椅子に座っても、すぐ隣で、薄汚い貧相な男が体中石鹸《せっけん》の泡だらけになっていて、しかもその泡をこっちに飛ばしてきたりすると、殺意を押さえるのに苦労する。と言って、女風呂に入るわけにも行かないし。（もっと気持ちが悪いかもしれないもの）
だから、私は温泉は好きなのだが、なるべく空いている時間を選んで入ることにしている。本当に潔癖好きだったら、見ず知らずの人間と一緒に肩をくっつけ合って風呂に入るだろうか。うっかり毛むくじゃらの男の尻など見たりした日には生きているのが嫌になる。
家庭の風呂でも、家族全員が入り切るまでお湯を変えないでしょう。それどころか、翌日に沸かし返して、少なからず変色した湯に入ることもあるんじゃないのか。その方が体に良い、などと負け惜しみじみたことを言ったりもする。西洋では、一人ずつ、小さなバスタブに入って、その度に湯を捨てる。その点では、西洋の方に軍配は上がるだろう。もっとも湯の中で石鹸を使って、その後体をゆすがず、そのままタオルでざっと拭いておしまい、と言うのが彼らのやり方で、考えてみれば連中も潔癖とは言えないな。

いや、どうも、話が麗しくない方に脱線してしまって、反省していますが、あの、鍋料理というもの、考えてみると、ちょいとばかり気持ちが悪くないですか。だって自分の嘗《な》めた箸を皆が鍋の中に突っ込むんだよ。熱湯消毒しているようなものだから、それで良いと言えば良いのかもしれないが、気分としては、ときに気になることがある。

私は、中華料理が大好きだが、鍋料理を食べると損をしたような気になる（アワビのしゃぶしゃぶは別）。と言うのは、折角なのだから、自分たちが手前でいじくり回すのではなく、練達の調理人に腕を振るって貰った料理を食べる方が数百倍も有り難い気がするからなのだ。だが、中国人も鍋料理が好きだ。香港でも盛んだが、日本と違うのは、彼らは金網でできた深めのレンゲのようなものに、自分の食べる分の魚や肉を取って、それを鍋の中に入れる。好みの案配に火が通ったら、レンゲ

中国でシャブシャブを食べる時にこうして使うものなんです。

アワビのシャブシャブ
●第29巻／第4話「美味しい暗号」より

中国ハムと丸ごとの鶏で取ったスープに、アワビの薄切りを泳がせて食べる中国の鍋料理。たれは醤油にニョクマム、香菜と長ネギの細切り、タカのツメを加えたもの。アワビの隠れた美味しさを発見できる。左の金網でできたレンゲは、中国でシャブシャブを食べるときに使う物。

の中身を自分の小鉢にあけて食べる。
このやり方なら、嫌いな人間と鍋を囲むと言う悲劇的な状況に追い込まれても、(長い人生の間には、そのような悲しい無惨な日もあるのだ)何とか我慢ができようと言うものだ。直接、相手の箸が入った鍋から、自分の食べものを拾い出す不快さからは逃れられるのだから。
で、私は、珍しく思って、その金網製のレンゲをかなりの数買ってきた。さて、家族が集まって鍋料理となったときに、おもむろにその金網のレンゲを取り出し、家族一同に示し、中国人が如何に深い考えを持っているかとくとくと説明し、いよいよ鍋料理に突入したのであるが、まあ、その味気ないこと、面倒くさいこと。まず、第一に、当の本人である私がうんざりして「一、やめた」と言って、箸で鍋の中をぐるぐるかき回し、勿論他の連中も箸の方がいいに決まっていて、その金網のレンゲは一度でお払い箱になった。矢張り、仲のよい者同士で鍋を囲むときには、そんな面倒臭いことをすることはないのである。(でも、その金網のレンゲは捨てずに取ってある。私は来る者は拒まないから、嫌な奴が来て鍋料理を、などと言うことになるかもしれないからね)
そんなわけで、鍋料理は気心の知れた者同士で、わいわい騒ぎながらやるのが一番だ。

もうとっくに亡くなったある有名な書店の社長が、毎日昼食に豚のしゃぶしゃぶを食べるとその当時、何かの雑誌で読んだことがある。いくら好きでも毎日豚のしゃぶしゃぶを食べると言うのには驚いたが、もっと驚いたのは、たった一人で小さな鍋で食べていたことである。大きな書店の社長ともなると、色々人付き合いが煩わしいから、昼食くらい一人で食べたいのだろうが、それにしても、一人だけで黙々と食べる豚のしゃぶしゃぶはどんな味がするのだろう。

その点、我々下々の者は気が楽である。

古くからの友人が集まって鍋を囲むと、たちまち昔の悪童面に戻って、大騒ぎになる。よく鍋奉行などという言葉を聞くが、我々の場合、全員が奉行なので始末が悪い。やれ、味が濃いだの、まだそれには手を出すなだの、待て、それを今入れる奴がいるか、だの、大声でがなり立て、はたの人には喧嘩《けんか》をしているのではないかと思われるほどの騒ぎになる。

会社勤めをしていたときの同期の仲間四人ほどと、今でも親密な付き合いをしているが、その四人にその他の仲の良い人間が集ってよくフグ大会を開く。私が日本にいたときには毎年必ず開いていたが、私がオーストラリアに引っ越してからは、帰る度にその四人とは飲んだり食べたりして騒ぐが、なかなかフグ大会を開く余裕を作れないのが残念だ。

築地《つきじ》の場外市場で、毒の部分だけを取って貰ったトラフグを丸ごと買ってきて、自分たちでさばいて作るのである。私と、もう一人の男が、本格的なフグ引き包丁を持っているので、フグ刺し作りは私たちの役目となるが、もともと本格的なのは包丁だけで、腕の方はからっきしなのに最初からコップ酒を呷《あお》りながら調理するので、実に不様で分厚いフグ刺しもどきのものが出来上がる。当然仲間から「こんな、厚ぼったいフグ刺しが食えるか」などと、必ず文句が出る。すると、私たち包丁組は「ええい、この貧乏人どもが！　薄っぺらなフグ刺ししか食ったことがねえからそんなこと抜かしやがんだ。俺っち大金持ちは、いつもこれくらい、しっかりと厚いフグ刺しを食ってるんだ。文句を言わずに食いやがれ」などと、包丁を振り回して喚《わめ》くのである。

最近は、私がオーストラリアに引っ越してしまったせいでそのような時間を作れないので、私がフグの季節に日本に帰ってきたときには、その四人の仲間ときちんとしたフグ料理屋に行って、大皿にきれいに菊の花の形に盛りつけたフグ刺しと、フグチリをやっつけたりするが、矢張り、皆でわいわい乱暴に騒ぎながら食べるフグの方がいいなあ、と皆が言う。フグ料理屋で作って貰うフグの唐揚げよりも、我々の作るフグの唐揚げの方が絶対に旨い、ましてや、最後のおじやときたら、どうしても自分たちで、罵《のの》り合い、我を通しながら作らないと食べた気がしない。あ

フグチリ
●第31巻／第5話「究極VS至高　鍋対決!!」より

海原雄山が「鍋対決」で用意したフグチリ。フグはトラフグ。汁はだしもとらず、最良の湧水を汲んできただけ。ポン酢はその場で醤油に橙を絞って作る。フグの身は刺身の3、4倍の厚さのもの。シャブシャブ式に鍋の中を泳がせて食べる。

万鍋
●第31巻／第5話
「究極VS至高　鍋対決!!」より

山岡たちが「鍋対決」で用意した万（よろず）鍋、或いはなんでも鍋。色々なたれ、さまざまな薬味、そして、魚類、海老、牛、仔羊、合鴨、豚、鶏、キリタンポ、モチ、うどん、餃子にシューマイ――となんでもありの材料を自由に食べる。全員が鍋奉行となれる心おどる鍋。

るフグ料理屋では、最後のおじやを客に作らせてくれない。客がでたらめに作るのが許せないと言うのである。それは、それで見識と言うもので、その店の方針であるから、尊重するが、我々は、夏休みの花火大会で最後まで取っておいた大筒の打ち上げ花火が湿気ていて火がつかなかったときのように気が抜けてしょんぼりとしてしまう。矢張り、鍋は最後まで、自分たちが奉行で通したいものだ。

しかし、鍋となるとどうして日本人はこうも、自分のやり方に執着するのだろう。あるとき、いつも私を京都で引き回してくれる大先輩が私と友人を京都のすき焼き屋に連れて行ってくれたことがある。このすき焼きと言うのがまた、西と東とでは作法が違ってややこしい。

京都のすき焼きは、まず牛肉を鍋に敷いて、その上にたっぷりの砂糖を乗せ、頃合いに焼けたところでたれか醤油をかけ、その肉を食べる。

東京は、最初に、鍋に割り下を入れて、割り下が煮えたところに牛肉を入れる。だから、東京流は、本当は牛鍋と言うべきですき焼きではないのかもしれない。

私と友人は、京都の大先輩を差し置いて、東京風にすき焼きを作った。大先輩は、口を利くこともできないほど驚いて、私たちが旨い旨いと言って食べるのを、まるで、異星人を見るような目で見ている。ややあって、大先輩も気を取り直して、我々の作ったすき焼きを食べて、げんなりして、ため息をつくばかり。あとは、私

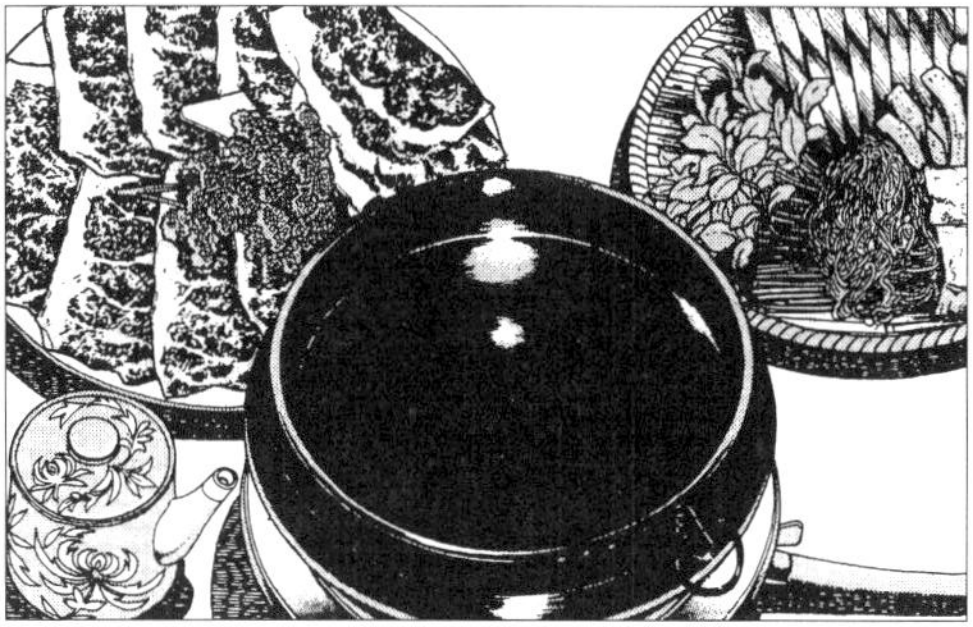

関西風すき焼き

●第48巻／第5話「夫婦別姓!?」より

関西風すき焼きと関東風すき焼きの違いは、「割り下」を使うかどうか。関東風では最初から割り下が鍋に入れてある。つまり“焼く”というより“煮る”牛鍋に近い。関西風は、脂をひいた鍋で牛肉を焼き、直接、砂糖、醤油をふりかける。まさにすき“焼き”。

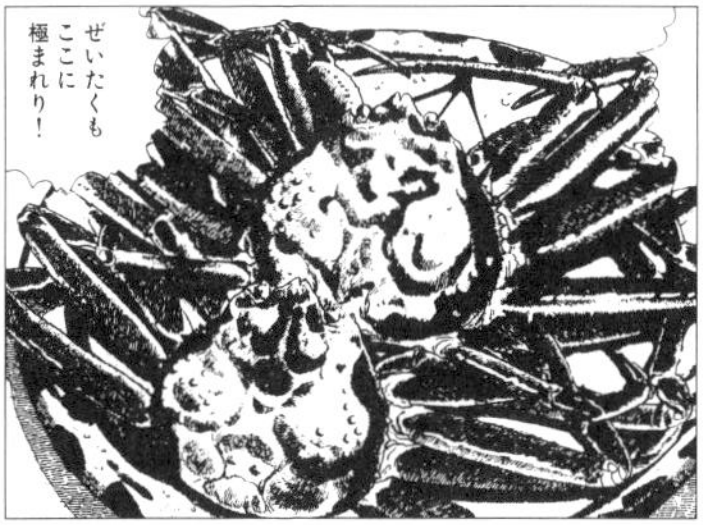

カニ鍋

●第31巻／第5話「究極VS至高　鍋対決!!」より

驚嘆すべき味、松葉ガニのカニ鍋。鰹節と昆布とカニのツメで取っただしの中、カニの身に火を通す。生では駄目、火が通りすぎてもいけない、ギリギリの頃合いを見切る。食べれば美味しさに言葉を失い、ただ深い感動が沸きあがる——まさしく至高の鍋。

京菊菜、マツタケ、スダチのハモ鍋

●第30巻／第1話「大食い自慢」より

大食い自慢もその美味しさに茫然自失、食べ物に畏敬の念を抱いたハモ鍋。あぶったハモの骨で取っただし汁が、ハモの濃密な味とマツタケの鮮やかな香りを包み込んで調和させる。マツタケ、京菊菜、しぼったスダチの香りの三重奏。

と友人がむさぼり食うのを呆れて眺めながら、盛んに首を振って、「違う、違う」と言うだけだった。

それはそれで済んだのだが、後がいけない。大先輩はすき焼きの話が出る度に、「いやはや、よくも、あんな書生鍋を、食べさせてくれましたな」と言うのである。

我々は我々で、「肉に砂糖をぶっかけるなんて」、と思っているのだから、この点では歩み寄りができない。昨年も、祇園祭《ぎおんまつり》の夜に、祇園のお茶屋で、またその話が出た。ところが、最近の舞妓《まいこ》さんは必ずしも京都出身ではないし、若いからそこまでの思い込みがない。大先輩の意見に賛成したのは、お茶屋の女将《おかみ》だけで、私と仲が良い歌と三味線の上手な七十過ぎの芸妓さんは、おっとりと「それはそれで、よろしいやおへんか」などと、私の肩を持ってくれたので、大先輩はむくれて、「よし、今度は、わしの流儀で作る」と息巻いた。こうして、私はうまうまと再び先輩にすき焼きをご馳走になる約束を取り付けたのである。

ただ、私の家のすき焼きの作り方は、父親の直伝で、今言った東京風と関西風の中間みたいなものである。

まず、牛の脂身（これは筋張った脂身では駄目。ろうそくのようにポロポロ欠けるくらいに固い脂身が一番旨い）を鍋に置いてじゅうじゅう脂を出したところに肉を入れ、肉が生焼けになったところで、日本酒と醤油をばっとかけて肉を食べる。

肉をある程度食べたら、野菜、豆腐、しらたき、ネギなどを入れ、日本酒と醤油、それに砂糖で味をつける。そこにまた肉を入れ、野菜などと一緒に食べる。火を通してしまうからアルコールなど抜けているはずなのに、酒が一滴も飲めない私の連れ合いは、このすき焼きを食べ終わると、ばったり倒れてしまう。オーストラリアに来てからは日本酒が貴重品で、そんな贅沢はできないので、私の連れ合いもすき焼きの度に倒れないで済むので嬉しいらしいが、私は日本酒をだばだばと注いで作るすき焼きが食べたい。で、最初に鍋に敷いた脂身だが、鍋の中身を食べ尽くした頃にすき焼き鍋の底から拾い上げると、半透明に透き通っていて、舌の上に載せるととろりととろける。私たちは子供の頃から、その最後の脂身を兄弟で争ったものだ。これが食べたいばかりに、肉屋ですき焼きの肉を買うときにはろうそくのような脂身を余計にどっさりと付けて貰うのである。

ああ、鍋の話になるときりがないのは、日本人の悪い癖だな。そして、悪い癖ってのはやめられないんだ。もっと、延々と鍋の話を続けたいけれど、お腹が空いたからこの辺でやめておこう。

鍋料理❖全リスト ［79巻まで］

『美味しんぼ』に登場した鍋料理が大集合！
幸福満点、人生の温かさを味わってください！

◆本当に健康な鶏の水炊き
第1巻 第9話「舌の記憶」

◆フグチリ
◆スッポンのまる鍋
第3巻 第3話「土鍋の力」

◆浜鍋
第4巻 第3話「旅先の知恵」

◆チャンコうどん
第4巻 第6話「うどんの腰」

◆すき焼き
◆牛肉のしゃぶしゃぶ
◆魯山人風すき焼き
◆シャブスキー
第5巻 第6話「牛なべの味」

◆博多のアラ鍋
第10巻 第1話「横綱の好物」

◆浜鍋
第12巻 第4話「玄米VS白米」

◆どじょう鍋と柳川鍋
第14巻 第3話「ぼけとつっこみ」

◆深川鍋
第15巻 第4話「下町の温もり」

◆タイの揚げ団子のおでん
第16巻 第3話「鯛勝負!!」

◆マイタケの鶏鍋
第20巻 第2話「山の秘宝」

◆イノシシ鍋
第21巻 第3話「新しい企画」

◆三平汁
第21巻 第7話「二人の花嫁候補」

◆アイナメのチゲ
第22巻 第3話「韓国食試合！」

◆ジンギスカン鍋
第23巻 第5話「パワー・ミート」

◆鴨鍋と合鴨鍋
第25巻 第2話「初もの好き」

◆岡星特製鍋焼きうどん
第25巻 第6話「年越しうどん」

◆ネギマ鍋
第26巻 第5話「江戸の味」

◆韓国風焼き肉プルコギ
第26巻 第6話「世界を包む」

◆手作りベーコン鍋
第28巻 第1話「残されたベーコン」

◆フカヒレスッポン鍋
第28巻 第2話「長寿料理対決!!」

◆アワビのしゃぶしゃぶ
第29巻 第4話「美味しい暗号」

◆京菊菜とマツタケとスダチのハモ鍋
第30巻 第1話「大食い自慢」

◆ホワイトソース仕立ての鍋
◆「万鍋」
◆スッポン鍋
◆フグチリ
◆アワビのしゃぶしゃぶ
◆ハモとマツタケの鍋
◆カニ鍋
第31巻 第5話「究極VS至高 鍋対決!!」

◆おでん
第32巻 第2話「道具の心」

◆本物のシメジとナメコとヒラタケのキノコ鍋
第36巻 第1話「キノコの真実」

◆佐賀県嬉野温泉の温泉湯豆腐
第39巻 第5話「温泉湯豆腐」

◆ミル貝のしゃぶしゃぶ
第41巻 第4話「澄み切った切れ味」

◆アンコウ鍋
第42巻 第2話「札幌風料理」

◆湯豆腐
第42巻 第4話「愛ある朝食」

◆牛のモツ鍋
◆軍鶏のモツ鍋
第43巻 第5話「食は人を表わす」

◆うどんすき
第43巻　第7話「疑問を抱く心」
◆グローパーの鍋
第44巻　第1話「熱闘！クイーンズランド」
◆スッポンのまる鍋
第46巻　第1話「究極のスッポン料理」
◆生麸のおでん
◆岡星特製鍋焼きうどん
第47巻　第2話「病の秘密」
◆フグのしゃぶしゃぶ
第48巻　第2話「究極のシャブシャブ」
◆関西風すき焼き
第48巻　第5話「夫婦別姓!?」
◆合鴨鍋
第48巻　第6話「団欒の食卓」
◆おマチ婆っちゃんの健康な鶏と野菜の鍋
第51巻　第4話「鶏の味、ニンジンの味」
◆五目しゃぶしゃぶ
第53巻　第9話「鍋と野球」
◆テッチャンナベ
第55巻　第2話「韓国と日本」
◆ニボト
◆本物のキリタンポ鍋
第56巻　第3話「恋のキリタンポ」
◆広州の犬鍋
◆ヘビ鍋
第56巻　第5話「犬を食べる」
◆キンメダイの鍋
第57巻　第1話「30年目のおせち料理」
◆湯豆腐餃子
第57巻　第6話「餃子人生」
◆軍鶏鍋
第58巻　第1話「いじめを許すな！」
◆沖縄風牛のモツ鍋
◆鶏皮鍋
第58巻　第5話「よもぎの春」

第60巻　第2話「居酒屋、新メニュー!?」
◆九条ネギと根深ネギと下仁田ネギの鶏鍋
第61巻　第4話「断筆宣言!?」
◆「上がり鍋」
第62巻　第1話「縁起のいい鍋」
◆桜鍋
第64巻　第8話「競馬で勝負!!」
◆ブラックの湯豆腐
◆豚肉のしゃぶしゃぶ
第64巻　第9話「ご飯の炊き方大論争!!」
◆味噌仕立ての贅沢牛鍋
第65巻　第1話「オーストラリアの危機」
◆ベトナム海鮮鍋
第66巻　第5話「ベトナムの卵」
◆鱈チリ
◆アラ鍋
◆スダチとカボスと橙
第67巻　第4話「ポン酢の秘密!?」
◆〝秋田名物〟、キリタンポ鍋
◆〝博多名物〟、鶏の水炊き
第67巻　第5話「真の国際化企画」
◆ネギマ鍋
第67巻　第6話「新しい家族」
◆ナマズ鍋
第68巻　第2話「猫にちなんだ料理!?」
◆豚肉団子鍋
第68巻　第3話「待望の赤ちゃん!!」
◆スッポン鍋
◆ハモしゃぶ鍋
◆うるか鍋
第71巻　第1話「日本全県味巡り大分編」
◆生鮭のしゃぶしゃぶ
第71巻　第2話「鮭とマタニティドレス」
◆鱈鍋
◆三代豆鍋
第72巻　第5話「誠意の味」

◆トイ汁
◆五代豆鍋
第75巻　第2話「日本全県味巡り宮城編」
◆半助鍋
◆鯨のはりはり鍋
第77巻　第5話「日本全県味巡り大阪編」
◆鶏のモツ鍋
第78巻　第4話「夏バテに喝!!」
◆おでんダネ各種（はんぺん／ひろうす／巾着／ロールキャベツ／海老団子／ごぼ天／ハモの練り物）
第79巻　第3話「おでんの真髄」

第十五講◆餃子

餃子は私と、私の家族にとって特別の食べものである。

私は、北京で生まれて、日本が戦争に負けた一九四五年に日本に引き揚げてきた。今では死語になってしまったが、戦争に負けた後、中国大陸、朝鮮半島など、かつて日本が侵略し占領していたアジアの国々から逃げ帰ってきた私たちのような人間は、「引揚者《ひきあげしゃ》」と、ある種侮蔑《ぶべつ》的な呼ばれ方をした。もちろん、私の父は本来中国人のものである中国の石炭を日本の国策のために収奪する会社で働いていたのであるから、中国人に厳しいことを言われても仕方がないが、同胞である日本人から、落ちぶれた失敗者・邪魔者のように貶《おとし》められる謂《いわ》れはないわけなのに、日本人の底意地の悪い本性というのか、戦争中に中国で良い思いをしていたに違いないと思われる連中が今は落ちぶれているのを見るのが非常に楽しいらしく、あからさまに見下されたり、あざけられたりして両親はずいぶん口惜しい思いをしたようだ。私と姉はまだ幼かったがその両親の言葉・態度からそのあたりのことは察することができて、私たちも肩身の狭い思いをしたし、私自身、長い間、日本人に対してなかなか馴染《なじ》むことができなかった。

今でも、年輩の人から、「引揚者魂《ひきあげしゃだましい》」と言う言葉を聞くことがある。命からがら日本に逃げ帰ってきたのに同胞から厄介者扱いされて発憤し、自分の体一つを元手に戦後の混乱を生き抜いてきた人たちには、特別の思いがあるのだろう。

なんだか、話が暗くなってしまったが、何を言いたいかというと、今や日本人の国民食の一つとして、揺るがぬ座を占めている餃子は、私たち中国からの引揚者が持ち帰ってきた食文化の一つだと言うことだ。日本は中国を侵略して、中国の人々は勿論、日本人にも多くの犠牲を出し、何一つ得るところがなかったが、辛うじて得たものがあるとすればそれは餃子である、などと言うと不謹慎だと怒り出すくそ真面目な人がいるかもしれないな。でも、いいんだ。わしら「引揚者魂」の持ち主は、それくらいのことでびびるヤワな根性じゃないんだからね。とにかく、戦争前までは餃子を食べたことのある日本人はごく少数で、殆どの日本人はその存在さえ知らなかったのだ。それが、今や日本人の大好物の一つになり、どの町でも餃子を食べることができるまでになったのだが、それも、我々引揚者のおかげなのだぞ、とここで威張っておく。

私の両親は、日本へ帰ってきてからも北京が如何に素晴らしい町だったかことあるごとに思い出話をした。特に、食べものがどんなに美味しかったか、夢見るような表情で語った。例えば、北京拷鴨子（父は、ぺきん・かおやおつー、と発音していた。今の人には、北京ダックと言わなければ分からないだろう）は皮がぱりっとしているのに脂が乗っていてとろけるような美味しさだった、とか、哈蜜瓜《はみか》と言う、まくわ瓜《うり》に似ているがそれとは比較にならないほど良い香りで、甘い汁をたっぷり含んだ美味しい瓜の話とか、そんなこんなをさんざん聞かせてから「ああ、あんたたちに、もう一度食べさせたいねえ」と私の母は必ずそう付け加えた。

敗戦直後の日本の食糧事情は、今の若い人たちには想像もつかないひどいもので、体調の悪いときには思い出すだけで死にたくなるほどだ。私は、この原稿を書いている時点で生きているのが自分でも不思議なくらいに体調が悪いので、今回はそのようなことは書かないようにするが、そのひどい食糧事情の時代にあっても、私の両親は餃子を作ることに、非常な熱意を抱いていた。頻繁に作れるようになるには、戦後数年経たなければならなかったが、それでも、材料をあれこれ算段して、両親は餃子を作ってくれた。

餃子を作るのは、父が主役だから、父が時間を取ることのできる日曜日と決まっていた。今夜は餃子、となると、その日は朝から気持ちが浮き立って、いよいよ父が粉をこね始め、母が餃子の中身を作り始めると、私たち子供は両親にくっついて

いただきまーす!

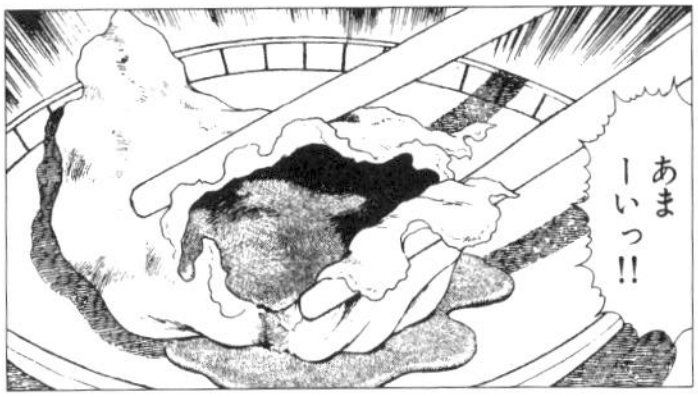
あまーいっ!!

中国の豚肉水餃子と
中国の海老水餃子(上)
黒砂糖餃子(左)

●第17巻/第1話「餃子の春」より

上は本場北京の餃子二種。中国では、餃子は焼くのではなくゆでる。皮も手作りで美味しい。左は、餃子は完全食になり得る——という考えを追求した山岡が、デザートとして作った甘い餃子。右の図は、簡単で形よくできる包み方。

次に、左右の外側が、今合わせた真ん中にくっつくように合わせる。
そして、四つのヒダを二つにくっつけると、でき上がり。

ニラ蒸し餃子
海老蒸し餃子
魚のすり身の蒸し餃子

●第17巻/第1話「餃子の春」より

海原雄山作、蒸し餃子3種。米の粉で作った皮は、ムチムチしていて官能的な舌ざわり。噛むと口中にスープが飛び出してくる。上品かつ心ゆさぶる味。

何か作業を手伝わせて貰おうと、うろうろするのである。

私の父の餃子の皮の作り方はちょっとずるくて、まず、よく練ってから一、二時間寝かせて腰の出た生地を麺棒で平らに延ばしていく。うどんを作るときと同じ案配だ。十分薄くなったら、お茶の缶の蓋を押しあてて、丸くくり抜く。これを繰り返すと、二、三十枚の皮は、あっという間にできてしまう。この丸い生地をくり抜く作業をさせて貰うのが、私たち子供たちの楽しみだった。姉、弟と争って、くり抜いたものだ。

中国人は餃子の皮を作るのにこんな方法は採らない。生地を直径二、三センチほどの棒状に延ばして、それを適当な長さに切って、短めの麺棒で丸く延ばして一枚の皮にする。中華料理の本には必ずその方式が紹介されている。私の父のようなずるい方法を教えてくれる料理の本は見たことがない。

父の方法の最大の利点は、どんな素人でも一枚一枚の皮が大きさも形も厚さも均一に出来上がることだ。未熟な素人が、料理の本に書いてある本式の方法で作ると、そうは行かない。大き過ぎたり、厚過ぎたり、形がいびつになったり、苦労することになる。

父の方法では、生地をくり抜いた後の穴が沢山あいた生地が残ることになる。「ああ、あ、素人はそれだから困る。残った生地はどうするんだ」、と文句を言いたいと思った人、早まっちゃいけませんぜ。ここからが父の腕の見せどころなのだから。

家族が多かったから、何度か生地を延ばして、餃子の皮を百枚以上作る。当然後に、穴あきだらけの生地がかなりの量残ることになる。父は、それをまとめて練り直して再び麺棒で大きく、なるべく薄く延ばす。薄ければ薄い程よい。その生地の上にまずごま油をたっぷりと塗る。大さじの底を使ってごま油を生地に広げるのである。その上に、長ネギのみじん切りをたっぷり撒《ま》いて、塩をふる。そして、その生地を端からくるくる巻いて行く。棒状になったら、今度はそれを渦巻き状に丸めて円盤形にする。更に麺棒で軽く力を加えて、一、二センチの厚さになるように調整する。直径は十八センチ程度。要するに、普通のフライパンに収まる程度の直径にするのである。それを、矢張りごま油をしいたフライパンでじっくり時間をかけて裏表、こんがりと焼き上げる。

私の家では、両親に教えられたとおりにこれを「ローピン」と呼んできた。「ピン」は明らかに、「餅」のことである。餅と言っても日本風の米をついて作る餅ではない。中国では小麦粉を使って作った平べったいものを、「ピン」と呼ぶ。例えば、北京ダックを包んで食べるクレープのようなものは「春餅《シュンピン》」という。表面にゴマをまぶして焼いた直径十センチ、厚さ一センチほどの「焼餅《シャオピン》」というのもある。

しかし、「ローピン」なる、「ピン」は、私は、私の家以外では見たことがないのである。渦巻き状にして、中にネギの入っている「葱餅」と言うのは、広東《カントン》料理にあるが、あれは父のような手間のかかる作り方をしておらず、単に小麦粉の生地でネギを包んで渦巻き状にひねっただけで、おまけに油で揚げてあるし、父の作る「ローピン」のような、素朴だが、深みがあって、しみじみとした味わいはない。

私たちは、餃子も楽しみだったが、この「ローピン」がなければ、楽しみは半減する。焼き立ての「ローピン」を母がピザを切る要領で切り分けてくれるのを、待ちかねて口に運ぶ。ものすごく熱い。それも、父は中にたっぷりごま油を塗り過ぎることがあって、そう言うときには、表面まで熱したごま油がにじみ出ているから余計に熱い。だが、私は、ごま油をたっぷり使った方が好きなので、父にたっぷり使うように頼んでいるのだから、その熱さがかえって嬉しい。

ぱりっと焦げた皮、なるべく薄く延ばした皮をくるくる巻いて、それを渦巻き状に丸めるから、中身は、パイのように、小麦粉の薄い生地が何層にも重なっている。その間に挟まれた長ネギは、ごま油でとろりと蒸し焼き状態になっていて、香りも甘さも、ネギの美味しさが余すところなく発揮されているのだ。

この美味しさは、食べたことのある人でなければ分かりません。だから、どんなに美味しいのか説明するのはやめにする。なんと言っても、今の私は、死ぬほど体

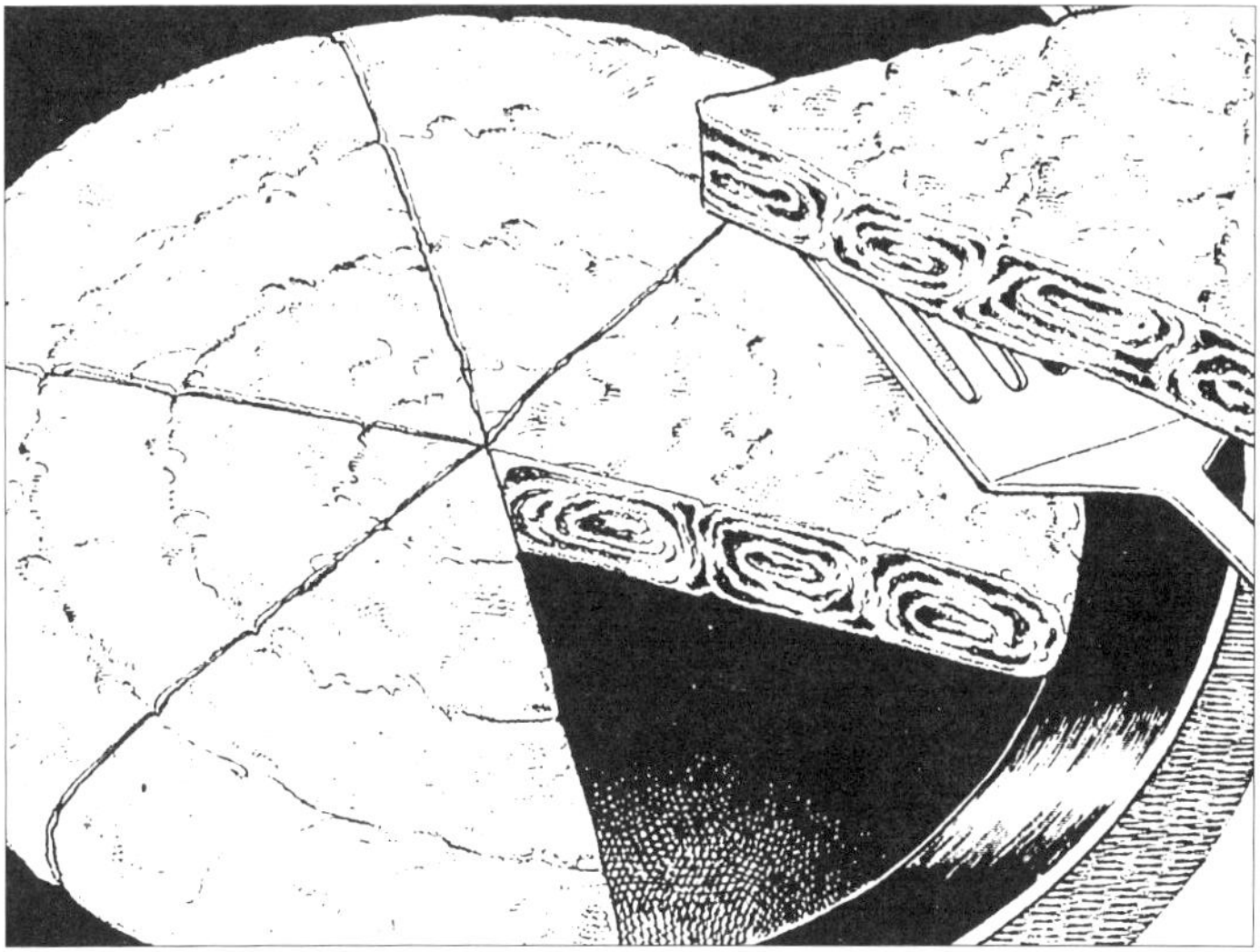

中国風パイ(ローピン)
●第12巻/第8話「非常食」より

小麦粉、ごま油、長ネギで山岡が作った中国風のパイ。表面がパリパリで、中はしっとりと柔らかく、蒸し焼き状になった長ネギとごま油の風味が香ばしい。

中華風ネギ餅
●第60巻/第2話「居酒屋、新メニュー!?」より

居酒屋の新メニューとして山岡とゆう子が考案した中華風ネギ餅。作り方は簡単。小麦粉を練って1時間ほど寝かせて生地を作る。長ネギをみじん切りにして、ごま油をまぶし塩で味をつける。それを餡にして生地で包んで餅にする。たっぷりのごま油をフライパンに入れて、表面がパリッとなるように焼き上げる。

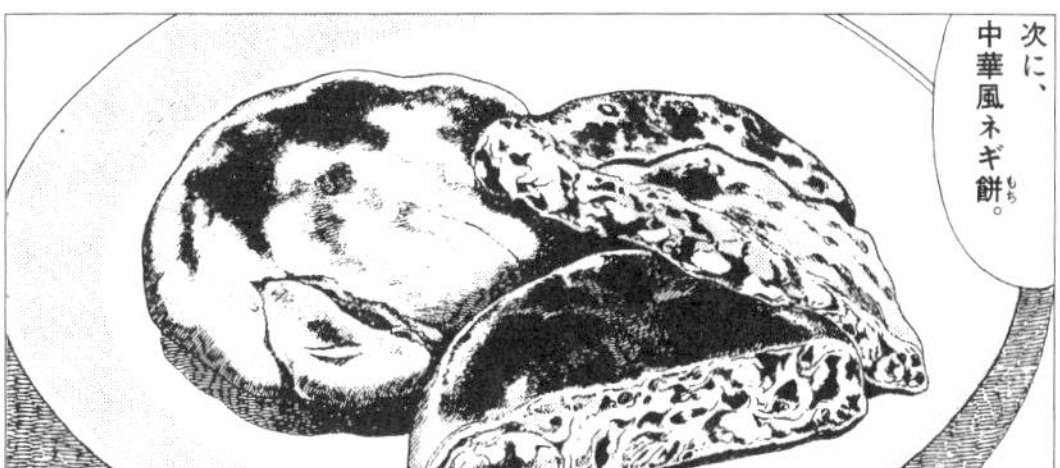

調が悪いので、余り親切に説明する気力がないのだ。誠に相すまんことですなあ。
で、本番の餃子だが、これは一家総出で包む。餃子の包み方にも色々あるようだが、一番形がよいのは私の両親に教えて貰った包み方だ。外で餃子を注文して、私の気に入らない包み方をしていると、調理場に乗り込んでいって包み方を教えてやろうかと思ったりする。私の両親に教えて貰った包み方をすると、餃子は、肩胛骨《けんこうこつ》のような形になる。子供のとき、私と姉は肩胛骨のことを、「ジャオズの骨」と言っていたものだ。「ジャオズ」とは、餃子の中国読みを、私たちがなまって憶えたもので本当は「チャオツ」とか「チャオズ」とか言うのではなかろうか。（私の家ではずっと餃子はジャオズと呼んでいた。いつの間にか、私たちに無断で世間の人々がギョウザと呼ぶようになって、こちらもジャオズと言っていたのでは理解して貰えないから、仕方なくギョウザなどと呼ぶように強制されてしまったのが、残念だ）
私の家では、餃子は水餃子と決まっていた。高校生になって、料理屋で焼き餃子を初めて見たときの驚きは忘れない。でも、矢張り、餃子は水餃子だ。水餃子を立て続けに、ちゅるんぱ、ちゅるんぱと呑み込むあの快感は焼き餃子では得られないもの。
しかも、餃子大会のときに食べるのは「ローピン」と餃子だけ。従って、私は餃子というものは一人で、最低で二十五個は食べるものだと思っていた。だから、連れ合いと結婚したばかりのときに、今夜は餃子にしようと言ったら連れ合いが、「じゃ、一人六個くらいでいいかしら」と聞いたので、私は仰天して、「冗談じゃない。餃子しか食べないいんだから一人三十個だ」と答えて、今度は連れ合いが仰天した。

私の家の餃子の中身はごく普通のありふれたもので、豚肉、白菜、椎茸《しいたけ》、ニラ、ニンニク、生姜、それに味付けとして、酒、八丁味噌、ごま油を練り込む。何も特別のことはない。

しかし、餃子だけは、我が家の餃子でなければ満足できない。

私の父は、亡くなったが、亡くなる前に、私の長男に、うどんの打ち方と餃子の皮の作り方を伝授して行った。長男は大学で陶芸を専攻しているので、毎日粘土をこねているから、うどんや餃子の生地を練るのはお手のものである。それでも、本人に言わせれば、粘土を練るより、うどんや餃子の生地を練る方がずっと難しいそうである。だが、長男は、私の父親の性格を譲り受け、美味しいものを作って人を喜ばせるのが好きなので、「おーい、頼むぜ」と言うと、「あいよう」と二つ返事で、餃子の生地をこねてくれる。

こうして、父の餃子が、孫に伝わった。長男もいつか自分の子供に、私の父に教わった餃子作りを教えるだろう。
餃子は私と、私の家族にとって特別の食べものなのである。

餃子＆点心❖全リスト［79巻まで］

『美味しんぼ』に登場した餃子＆点心が大集合！
中国からやってきた完全食を味わってください！

◆シンフェンクゥオ（鮮粉果）
◆フォンチャオライウークゥオ（蜂巣荔芋角）
◆ユィーチーカオ（魚翅餃）
◆ユィーピンチョ（魚片粥）
◆シーチャーチンパイクゥア（豉汁蒸排骨）
◆サンシンヨンシューマイ（三星醸焼売）
◆チーマーカオ（芝麻球）
◆オウヨンタンイーカウ（菓容檁葉角）
第8巻　第1話「飲茶」

◆ツバメの巣のズシェン（竹笙）包み
◆ツバメの巣のうずらの腹詰め蒸し
◆フカヒレの小籠包
◆フカヒレのパイ包み焼き
第11巻　第3話「香港味勝負」

◆小籠包
第12巻　第7話「熱烈小籠包」

◆中国風パイ「ローピン」
第12巻　第8話「非常食」

◆チーマーカオ（芝麻球）
第14巻　第6話「ポテトボンボン」

◆ニラ餃子
◆ニンニク餃子
◆鮭餃子
◆チャーシュー餃子
◆味噌入り餃子
◆中国の豚肉水餃子
◆中国の海老水餃子
◆ニラ蒸し餃子
◆海老蒸し餃子
◆魚のすり身の蒸し餃子
◆完全食の水餃子
◆黒砂糖餃子
第17巻　第1話「餃子の春」

◆中華風湯葉包み蒸し
第27巻　第6話「素直な味」

◆若鶏の燻製のごま入り餅包み
第39巻　第3話「ゴマすり」

◆広東風豆苗の蒸し餃子
◆広東風海老の蒸し餃子
◆スープ入り焼き餃子
◆湯豆腐餃子
第57巻　第6話「餃子人生」

◆中華風ネギ餅
第60巻　第2話「居酒屋、新メニュー!?」

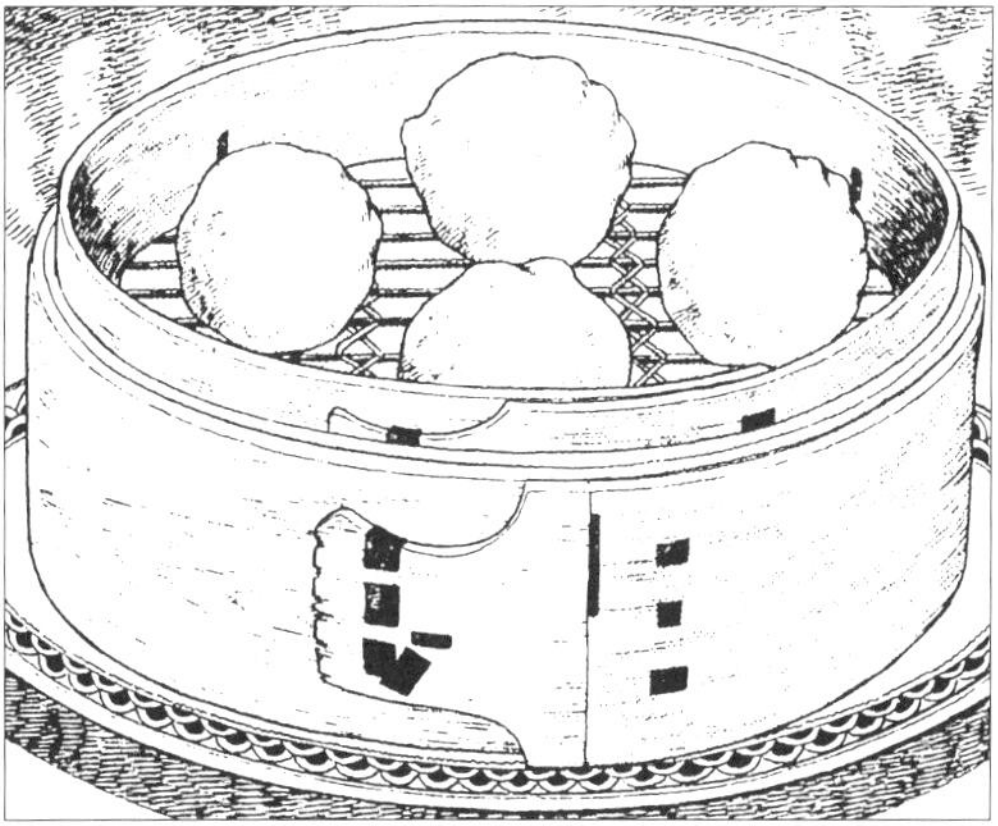

第十六講◆おせち

この歳になっても「もう幾つ寝るとお正月」と言う歌を聞くと、心が浮き浮きしてくる。今でもそうなのだから、子供のときには、もっと大変だった。暮れも二十七日を過ぎると興奮状態に陥る。それは、母がおせち料理の準備を始めるからである。

おせち料理はえらく手間のかかるものだ。数の子を水に戻して皮をきれいに剥《む》かなければならないし、昆布巻きで包む身欠きニシンの下準備もしなければならない。黒豆を上手に煮るのは時間がかかるし、何よりも経験と技が必要だ。ごまめをかりっと煎《い》るのも気を抜ける作業ではない。餅もつかなければならない。ああ、切りがないほど、大変な仕事が続くのだ。

しかし、このおせちの準備ほど胸の高鳴るものはなかった。勿論、私たち子供たちも手伝わせて貰った。こんな面白いものに手を出さない法はない。大人たちも、それが自分たちの義務であると思っていたのだろう、色々と私たちに教え込んだのだ。

私の家のおせちで欠かせないものが二つある。一つは、梅花玉子、もう一つはりんご羹《かん》である。

梅花玉子もりんご羹もありふれたものだから、今更ここで作り方を話す必要もないだろうが、なぜだか、話してみたい。

梅花玉子はまずゆで卵を作るところから始まる。ゆで卵の白身と黄身を分け、それぞれ別に裏ごしにかけなければならない。これが、大変な作業で、だから、私たち子供たちにとっては魅力的な仕事だった。裏ごし器は馬のしっぽの毛を張ったものが一番良いのだと母は言っていた。そう言われてよく見ると、確かに馬の毛である。バイオリンの弓に使うのも馬の毛だったはずで、どうも、馬ってのはえらいやつだな。和菓子の裏ごしをしたり、馬車を引いたり、バイオリンを弾いたり、ついでに競馬場を走って私にお金儲《もう》けをさせてくれるんだから。（余談ですが、私は今までの人生で、競馬は圧倒的な黒字。ほんとだぜ。私は競馬名人なんだ。『美味しんぼ』の山岡はしょっちゅう競馬で損をしているが、あの男も私くらいの競馬の才能があれば苦労をしなかったのにと、心から同情する）

裏ごしにもこつがあって、裏ごし器の網の目は正方形になっているが、その対角線の方向にへらを動かすと早くきれいに裏ごしができるのだと言うことを母親に教わった。勉強のほかにも、そう言うことまで、きちんと教わるのだから、昔の子供は色々と忙しかったのだ。

裏ごしをした白身と黄身にはたっぷり砂糖を混ぜる。白身は半分に分けて、一方はそのまま、もう一方は食紅で赤く色をつける。紅梅、白梅の二つを作ろうと言う寸法なのだ。白身はそのままだと水分が多すぎるのであらかじめ布に包んで絞っておく。

巻きずしを作るときに使う、巻き簾《す》の上に布巾《ふきん》を敷き、その上にまず裏ごしをした白身を海苔巻きを作るときに酢飯を広げる要領で置き、その上に黄身をやはり海苔巻きのかんぴょうや細切り玉子を置く要領で乗せて全体を巻く。すると、裏ごし玉子の布巾巻きが出来上がる。その布巾巻きの外周に、割箸を五本、等間隔に押しあて、凧糸《たこいと》でしっかり縛り付ける。割箸は、布巾越しに裏ごし玉子に食い込む。そうすることで、出来上がったときの玉子の断面が梅の花の形になるのだ。それを、蒸す。

蒸し上がって、よく冷えてから、割箸と布巾を外して、薄切りにすると、白身が花弁で、黄身が花心になった見事な梅の花が出現するのだ。

りんご羹は、すり下ろしたりんごを甘く煮て寒天で固めてやる。梅花玉子ほどは手がかからないが、やはり一仕事だ。

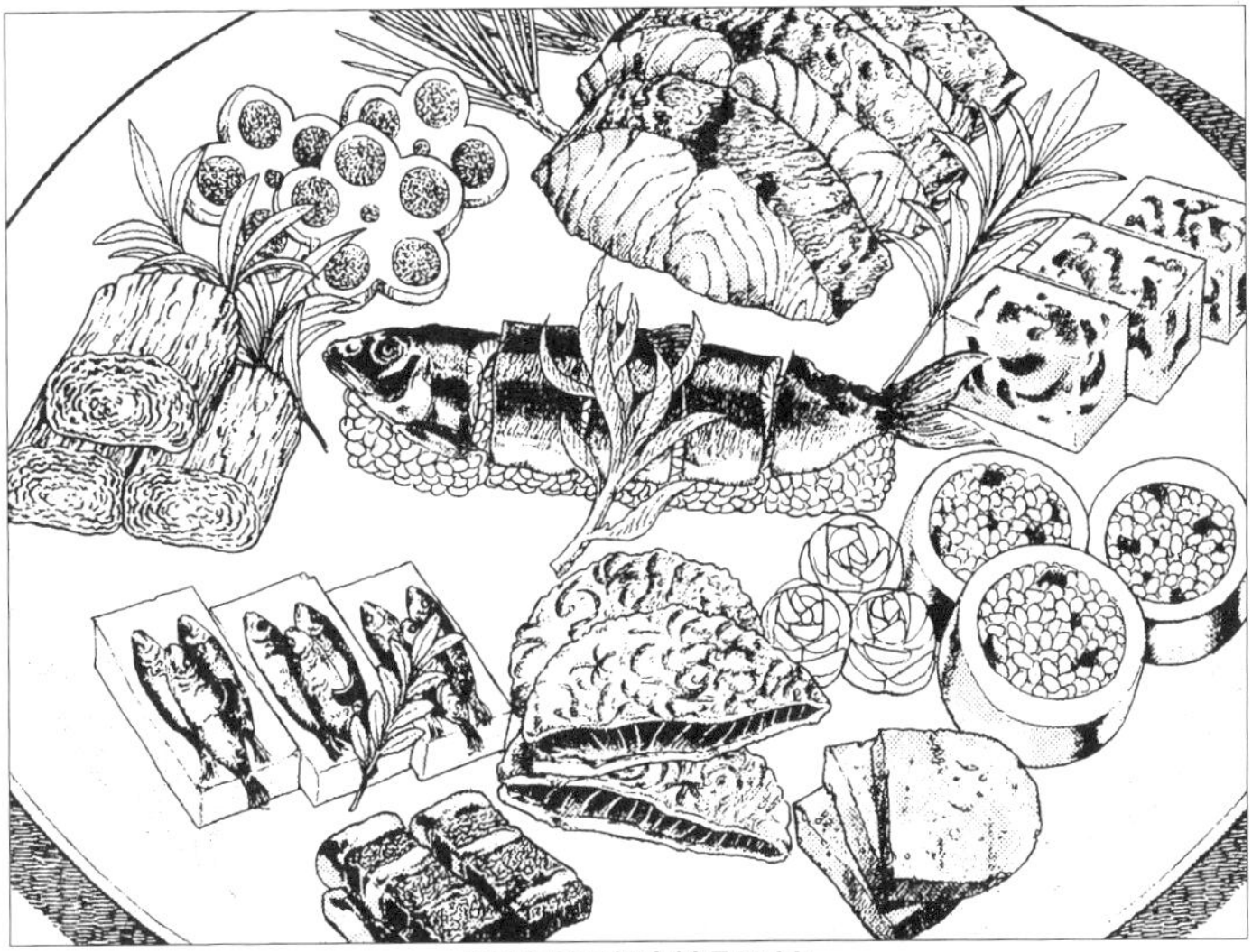

日本伝統の郷土料理おせち
●第41巻／第6話「おせち対決」より

「至高のメニュー」とのおせち対決で、山岡たち「究極」側は、日本各地の郷土料理をおせちとして用意。正月を祝いながら、日本の伝統を受け継ぐことを提唱した。各料理は、12時の位置から時計回りに、サワラの幽庵漬け（岡山）、エイの煮こごり（富山）、イカメシ（函館）、百合根の煮物（長野）、アンキモ蒸し（茨城）、カブラ寿司（金沢）、黒豚の粕漬け（長崎）、カラスグワ（沖縄）、湯葉の揚げ煮（京都）、山芋の数の子詰め（新潟）、そして中央に、鮎の姿寿司（鳥取）。

梅花玉子と、りんご羹、とにかく、この二つがないことには我が家のおせちは成り立たないのである。

元日の朝は、いつもの日の朝とはまるで違った感じがする。太陽の輝き方がまず違う。きらきらと、普通の日の数十倍の明るさだ。目覚めると、大晦日《おおみそか》から母が用意しておいてくれた晴れ着を着て、皆揃って食卓につく。父もいつもと違って羽織を着ている。声を揃えておめでとうの挨拶《あいさつ》をした後、その年に合わせた父のちょっとした訓辞が終わると、いよいよ、重箱の蓋が取られる。三段重ねの重箱を一段ずつ取って卓の上に並べていく。さあ、胸がどきどきする。私たちのねらいは一番下の段だ。梅花玉子、りんご羹、栗きんとん、と甘いものが詰まっている。私たちは、わっと手を伸ばして梅花玉子とりんご羹を自分の皿に取る。まずは、その二つを食べると、正月の喜びがきわまるのである。

重箱の、一段目、二段目には、蒲鉾《かまぼこ》、伊達《だて》巻き、ごまめ、昆布巻きなど、色々入っているのだが、そちらの方に手を伸ばすのは、梅花玉子とりんご羹を味わってからだ。

どうして、あんなものにそんなに心を惹《ひ》かれたのか分からないが、私たちにとっては梅花玉子とりんご羹がなかったらお正月ではなかった。

そんな風に言うと、私にとって梅花玉子とりんご羹は過去のもののように聞こえるが、どういたしまして、今でも、私は梅花玉子とりんご羹がなかったら、正月とは思えない。私たちを産んだ母は私が十九歳、姉が二十二歳のときに亡くなった。（まだ、下に弟が二人います）暫《しばら》くして父は再婚して、それが今の私たちの母親だが、私たちは新しい母親にも、梅花玉子とりんご羹を作ってくれるように頼んだ。それも、ただ頼むのではなく、私と姉で、新しい母に、亡くなった母の作り方を伝授したのである。普通だったら、先妻のするとおりのことをしてくれと言われたら不愉快に思うだろうに、有り難いことに、心の寛い今の母は少しも嫌がらずに、私たちの亡くなった母の作ったとおりの梅花玉子とりんご羹を作ってくれるようになった。こうして、今に至るまで、私の家の正月には梅花玉子とりんご羹がおせち料理の主役の座を保ち続けているのである。

父は二年前に亡くなったが、それまで毎年正月にはシドニーに来て私たちと正月を一緒に過ごした。当然、シドニーでもおせち料理を作る。母と私の連れ合いが大わらわでおせち料理を作っていると、娘たちがいつの間にか手伝うようになった。父が亡くなった次の正月は祝い事を一切控えたが、去年は暮れから母がいつもどおり日本からやってきて、以前と変わらず、盛大におせち料理を作った。

見ていると、二人の娘は私たちがしたとおりに梅花玉子とりんご羹を作るのを手伝っている。長女は生卵は好きなのだが、火の通った卵の匂いが嫌いで、ふだんはゆで卵など、さわるのも嫌がるのだが、この日ばかりは仕方がない。「まるで、拷問よ」と言いながら、ゆで卵を裏ごしにかけている。私の四人の子供たちは、私たちと違って、美味しいものがふんだんにある時代に育ったから、梅花玉子とりんご羹を特別に有り難いとは思わないのだろうが、わがままな父親を喜ばせるためにせっせと作ってくれるのである。

おせち料理と同時に正月に欠かせないのは餅であるが、私はシドニーに引っ越してくるときに、とにかく、子供たちに日本の習慣を忘れさせたくない一心で臼《うす》と杵《きね》を持ってきた。幸いなことに、シドニー在住の大先輩の助力があって、毎年、餅つき大会を我が家で開く。一昨年は父が亡くなったので中止したが、去年は元どおり餅つき大会を挙行した。二年ぶりだったせいか、一体何人来ていただいたのか分からないくらい大勢のお客様が餅をつきに見えた。つきたての餅をその場で大根下ろしや納豆にまぶしたり、あんこにからめたり、バター・醤油で食べたりするのだが、これが大好評で、去年は一体幾臼ついたことやら。

オーストラリア人もかなりの人数やってきた。以前と比べて、最近は餅を食べることのできるオーストラリア人が増えたのには驚かされる。勿論中には食べられないオーストラリア人もいる。私たち日本人にとってはこの上ないご馳走である餅も、アングロ・サクソンにとってはわけの分からないべたべたする気持ちの悪い物体に

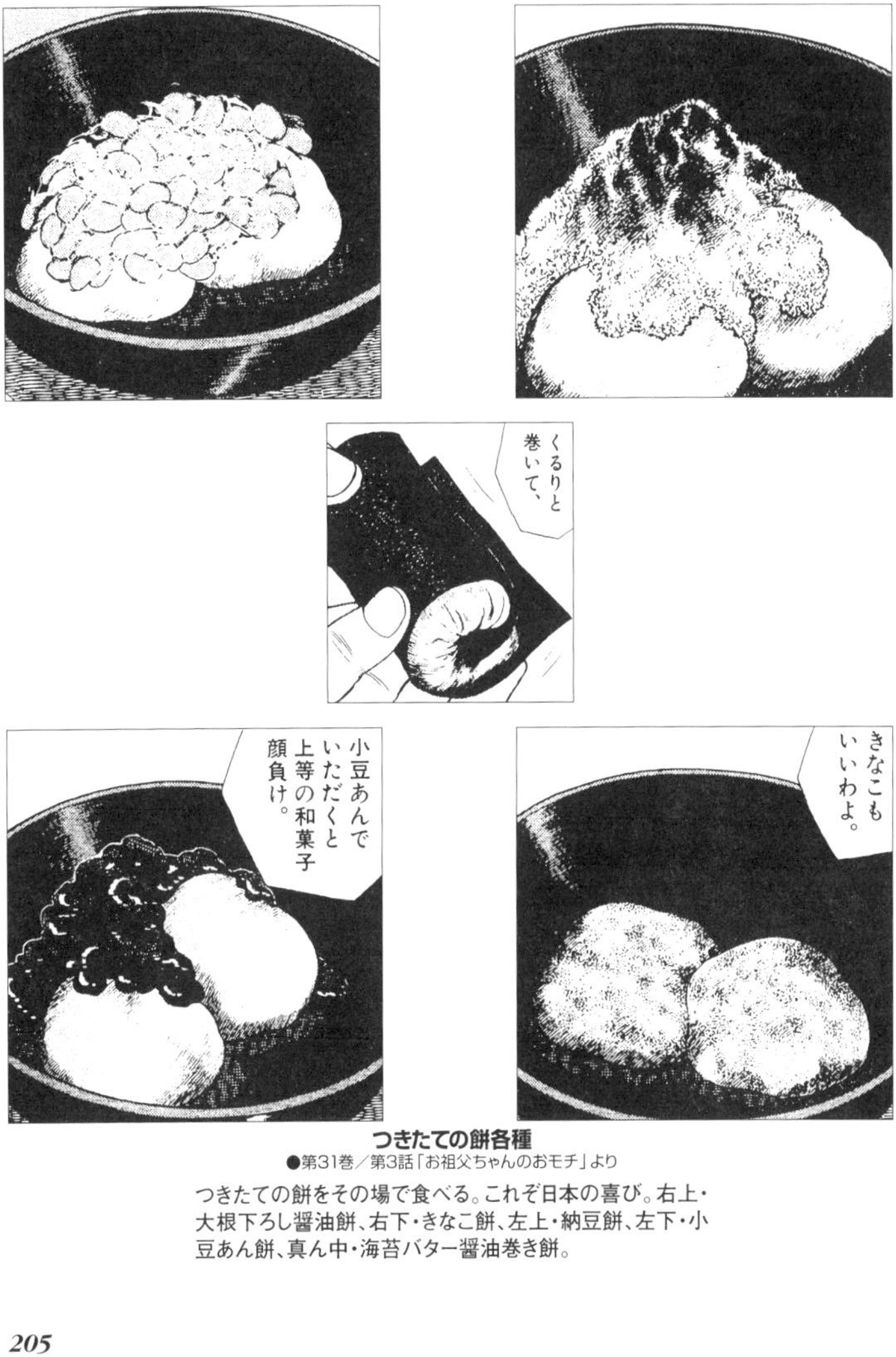
くるりと巻いて、
きなこもいいわよ。
小豆あんでいただくと上等の和菓子顔負け。

つきたての餅各種

●第31巻／第3話「お祖父ちゃんのおモチ」より

つきたての餅をその場で食べる。これぞ日本の喜び。右上・大根下ろし醤油餅、右下・きなこ餅、左上・納豆餅、左下・小豆あん餅、真ん中・海苔バター醤油巻き餅。

過ぎないようだ。

ところが、去年来たオーストラリア人たちときたら、こちらが「おい、おい、大丈夫かよ」と尋ね回らなければならないほど、全員が餅をがんがん食べるのである。中には、数年前に来たときには食べられなかったくせに、今回は日本人より沢山食べている奴がいる。

かつて、あるドイツ人から、米の味を一旦覚えたら、パンとかヌードルなんか食べられなくなる、と言う話を聞いたことがあるが、確かに、一旦餅の味を覚えたら、アングロ・サクソンもこれは大変、放ってはおけない、食べずにはいられない、と思うのだろう。

面白いことに、関西出身の日本人は、納豆をからめた餅を敬遠するが、オーストラリア人には、大好評であったことだ。脅威的だったのは、出来立ての餅で小豆《あずき》のあんこをくるんで大福を作ったら、それが、オーストラリア人に受けたことだ。危うし、日本文化。我々日本人だけのものではなくなってきているぞ。大福までも食べられてしまっては、もはや、日本文化は特殊なものではないことを心せよ。（てなことを言ってますが、何を言いたいんでしょう）

その日の酒の消費量は、日本酒一升瓶が八本。（これ、全て、日本から低温宅急便で取り寄せたもの）白ワイン、赤ワインともに半ダース以上。ウィスキー三本。

ビール数知れず。そうだ、シャンペンも何本か抜いたな。それで、餅を腹一杯こてこてに食べたのだから、罰当たりだよね。

私は、シドニーに引っ越してから、めちゃくちゃな愛国者になってしまったから、子供たちに日本文化を徹底的に教え込むことに力を尽くしている。

だから、正月の三ヵ日はきっちり、昔通りのしきたりを守る。子供たちにお年玉だってやるぞ。ただし、オーストラリア・ドルでだけれど。

三ヵ日は、食器も特別のものを使う。

そう言えば、長男が三歳くらいのときだったか、正月四日の朝の食卓で突然泣き出した。驚いた私と連れ合いが、どうしたの、と尋ねると、長男は泣きじゃくりながら「きれいなお皿はどこに行っちゃったの」と言う。三ヵ日が過ぎると、普段の食器に戻るのだが、それが三歳の長男には理解できず、せっかくきれいな食器を楽しんでいたのにそれが突然消えたので、悲しくなってしまったのだ。私は、へええ、と感心した。子供でも、特別の食器の良さが分かるのだ。だから、皆さん、子供の感覚を馬鹿にしてはいけませんよ。子供の感性は鋭いのだ。

こんなわけで、私たち一家はオーストラリアのシドニーで純日本風の正月を楽しんでいますが、一つだけ困ることがある。というのは、一月はオーストラリアでは真夏なんですよ。気温が四十度を超え、内陸の砂漠の方から熱風が吹き付けて、外出できない日だってある。そんなところでお正月と言っても、気分は出ないです。でも、無理矢理、そこでお正月をするのです。ああ、これぞ大和魂と言うものではありませんか。

私を極左と言う人があるかと思えば、国粋主義者と言う人もいる。知ったことか。お正月は楽しくどんちゃんとやりましょう。

正月の三ヵ日は、本当に日本人に生まれて良かったと心から思う。

正月料理❖全リスト
［79巻まで］

『美味しんぼ』に登場した正月料理が大集合！
日本の夢、新年の喜びを味わってください！

◆博多のアラ雑煮
◆京都の白味噌雑煮
◆青森の鮭ハラ子雑煮
◆江戸の雑煮
◆自家製の蒲鉾
第6巻　第1話「江戸ッ子雑煮」
◆ロブスターの刺身
◆ロブスターの中華風味炒め
第15巻　第6話「大海老正月」
◆30万円のおせち料理
◆昔ながらのおせち料理
◆トチ餅
第20巻　第7話「真心の正月」
◆七草ガユ
第21巻　第1話「穏やかな御馳走」
◆岡星特製鍋焼きうどん
第25巻　第6話「年越しうどん」
◆明石のタイ
◆タイの頬の肉
◆タイの胸ビレの肉
第26巻　第1話「タイのタイ」
◆大根おろし醤油餅
◆納豆餅
◆きなこ餅
◆小豆あん餅
◆海苔バター醤油巻き餅
第31巻　第3話「お祖父ちゃんのおモチ」
◆鶏の頭の丸揚げ
◆子羊の頭の丸焼き
◆子牛の頭の丸焼き
第31巻　第4話「死出の料理」
◆年に一日だけ作る鴨南蛮
第36巻　第4話「年越し鴨南蛮」
◆鴨の冷製
◆ハゼの甘露煮
◆巻き海老とウニの塩辛の和えもの
◆牛肉のカラカラ煮

◆カブの梅酢漬け
◆伊達巻き
◆うずら肉のミート・ローフ
◆イカメシ
◆アンキモ蒸し
◆鮎の姿寿司
◆百合根の煮物
◆湯葉の揚げ煮
◆山芋の数の子詰め
◆黒豚の粕漬け
◆サワラの幽庵漬け
◆カブラ寿司
◆カラスグワ
◆エイの煮こごり
◆水と塩
◆タイと味噌汁と飯
第41巻　第6話「おせち対決」
◆静岡焼津の漁師雑煮
◆長崎の豚の角煮雑煮
◆伊勢の伊勢海老雑煮
◆瀬戸内のフグ雑煮
◆千葉大原のタイ雑煮
◆兵庫三田の牛肉雑煮
◆ブリの雑煮
◆焼きアゴのだしのブリ雑煮
第41巻　第7話「お雑煮の記憶」
◆ハゼの白焼きの雑煮
第46巻　第3話「ハゼの教訓」
◆岡星特製鍋焼きうどん
第47巻　第2話「病の秘密」
◆湧き水で炊いた飯
◆大根の一夜漬け
◆鰯の焼物
◆自家製豆腐のあんかけ
◆豆腐の味噌汁
◆鶏のモツと大根の煮物
第47巻　第3話「結婚披露宴」

◆新巻鮭
第52巻　第1話「鮭の教訓」
◆鏡餅の揚げ餅
第53巻　第5話「鏡餅の教訓」
◆鶏と野菜の煮しめ
◆キンメダイの鍋
第57巻　第1話「30年目のおせち料理」
◆海原雄山流オーストラリアおせち料理（蒸しキング・クラブ／蒸しアワビとラムの刺身／牡蠣の炒めもの／蓮根と大根とニンジンの酢の物）
第59巻　第2話「対決再開！オーストラリア」
◆ゴマメ
◆昆布巻き
◆数の子
◆タイ
◆「上がり鍋」
第62巻　第1話「縁起のいい鍋」
◆鮭づくし定食
第63巻　第2話「女子高生のお願い♡」
◆葛餡入りの餅の雑煮
第71巻　第4話「真心の雑煮」
◆磯辺焼き
◆ネギ味噌餅
◆餅わさ
◆カラスミ餅
◆バター餅日本風
◆大徳寺餅
◆ウニの焼き餅
◆揚げ餅
第79巻　第8話「餅食べ自慢大会！」

あとがき

と言うわけで、『美味しんぼ塾』はこれにて閉講。では、全員解散。さようなら…。と、終わろうと思ったら、そうは行かない。きちんとあとがきを書けと言う編集部からのお達しです。そんなことを言われても、深遠な思想を述べた書物ならともかく、こんな、あれが旨いこれが旨いという与太話を並べた本にあとがきとはおこがましい。で、あとがきを書く代わりに、読者から良く尋《たず》ねられる質問にたいする返答を書いてごまかすことにしました。その質問とは、「雁屋さんは、どうして『美味しんぼ』なんていう漫画を描こうと思ったんですか」と言うものです。

この質問には、今までも、あちこちでお答えしてきましたが、どうもいつも中途半端だ。で、今回は、その質問に対するお答えの決定版を書くことにします。

『美味しんぼ』を書き始めたのは、私が劇画の原作を書き始めて十年ほど経った時でした。私は、幸運にも最初に書いた『男組』（少年サンデー連載）が、作画を担当して下さった池上遼一さんのお力で、読者の皆さんからご愛顧《あいこ》を頂くことができたので、その余勢で十年ほど劇画原作で生きてこられたのですが、まあ、十年も書き続けてきたのだから、ある程度のお金は残せたと思ったのです。

私は、賭け事は大嫌いで一切やりません。競輪、競馬は大好きですが、あれは賭け事ではありません。純粋なる競技です。車券・馬券を買うのは競技を堪能《たんのう》させて貰うことに対するお礼のつもりです。（それなのに、申し訳ないことながら私の競馬での収支計算は生涯を通じて圧倒的な黒字）いずれにせよ、お礼ですから、お礼程度のお金しか使いません。酒も、自分の家でしか飲みません。時には、いわゆるクラブなどと言うところに行きますが、それは、仕事の打ち合わせなどの流れで仕方なく行くのであって、好きで行くのではありません。私は、あのようなところにいる、ばっちり化粧をして、女の魅力をむんむんさせて、という女性は苦手です。私は眼鏡なんか掛けて、一心不乱に事務や研究の仕事をしている女性の方に強い魅力を感じます。（第一、私は、化粧そのものが嫌いで、私の連れ合いはこの三十年化粧をしたことがありません。最初会った頃は連れ合いも化粧をしていましたが、会う度に私がハンカチを取り出して顔をこすって化粧を落としてしまうので、ついに諦めて化粧をしなくなりました。私の娘二人も化粧っ気全くなしです）だから、クラブなんか居心地が悪くて仕方がない。それに、ろくな酒がない。つまらないウィスキーをセミのおしっこ見たいに薄めた水割りなんかまともな男の飲むもんじゃない。そんなわけで、たとえその様なところに行っても、仕事の打ち合わせがすめばさっさと帰ってきてしまいます。

クラブなんかではなく正統的なバーや酒場に行けばいいじゃないか、と言うご意見もおありでしょうが、仕事の関係でもない限り外で飲むことはないので、そう言うところに行く機会がないのです。第一、そう言うところはたばこを吸う人が多くて気持ちが悪くなる。それならば、自分の家でひっくり返って好きな音楽を聴きながら気に入りのウィスキーでも引っかけた方が気が休まります。

賭け事、酒、と来ると、男性としてやはりもう一つの方に話が行きますが、私はその方面は大変に慎んでおります。と言うのは負け惜しみで、私は昔からお婆さんと幼女には大変にもてるのですが、その中間の年齢層の女性には全くもてません。慎むも何も、それでは手も足も出ないのです。いつかはそんな情勢も変わるのではないかと期待し続けているうちに、私の人生もそろそろ終わりに近くなってしまいました。結果として、普通の男性であればどの一つを取ってもお金を使わざるを得ないようなことに何一つとして手を出さないのだから、私としては、充分に蓄えがあると思っていたのです。

で、私は連れあいに尋ねました。「俺はもともと才能が無かったが、ついにごまかしが利《き》かなくなってしまって、劇画の世界では食って行けなくなったから、商売替えをしなければならないのだが、それにつけても、当分食いつなぐだけのお金はあるだろう」

連れ合いの答えは見事でしたね。ただ一言、「いいえ、ありません」

私は、うろたえました。「そんな事言ったたって、この十年間ちゃんと稼いだじゃないか」

それに答えて連れ合いの曰《いわ》く、「確かに稼いだけれど、それをテッチャン（私のことです）は全部食べちゃったのよ。持っているのは、今住んでいるこの家だけ。それもローンがどっさり残っているわ」

そう言われると、私には覚えがあるから、反論できずに、うなだれました。

「そうか……全部、食っちゃったのか……稼いだ金を全部食っちゃうなんて、我ながら、あんまりだなあ……」

私はとてもけちな男です。一回使った原稿用紙は、その裏をコンピューターのプリントアウト用紙として使います。セーターを一枚買うと、肘《ひじ》が抜けても着続けます。一番最近スーツを新調したのは十二年前で、それが私の一張羅《いっちょうら》です。今はいている木綿のズボンの膝《ひざ》と、腿《もも》の部分には大きな穴が三つもあいていて、膝っ小僧なんかまる出しですが客が来ればそのままの姿で出ます。客は目のやり場に困るようですが私は困りません。今度日本へ行くまでの間、このままはき続けるつもりです。今日本で乗っている車は十三年目、総走行距離は二十万キロをこえましたが、とことん乗りつぶす予定で、買い換える気はありません。ガソリンは、一円でも安いスタンドを探し回って入れます。ティッシュペーパーは二枚重ねになっているのを一枚一枚はがして使います。それも、街で貰う消費者金融会社の宣伝用のティッシュペーパーです。

ここまでけちなのに、ああ、どんな人間にも弱みと言うものはあるもので、私は食べものにかかるお金は一切気にならないのです。物を食べる時に私が考えるのは、美味しいかまずいか、それだけで、その物の値段・料金などは考えたことがありません。私は一九七二年十二月三十一日にそれまで勤めていた会社を辞めてから一九七四年一月に『男組』の連載が始まるまで丸一年間無収入でした。その時に私の友人に言われたことがあります。「金が無いときほど贅沢をしないといけない。食べもの屋の献立に、上・中・並、とあったら上を注文しろ。そうしないと人間貧相になる」その忠告は私の胃の腑《ふ》にしみこみ、早速その男に金を借りてうなどんの特上を食べに行ったりしました。その男だけでなく、会社の同期入社の仲間、かつての上司、手当たり次第に金を借りて旨いものを食べました。無収入の時からそうだったので、劇画の原作で収入が得られるようになってからはまるでお金には無頓着《むとんちゃく》に美味しい物ばかり選んで食べてきました。

その結果分かったことは、美味しいまずいにその金額は関係ないと言うことです。店構えも故事来歴《こじらいれき》も評論家とか有名人とか言われる人達による評価も関係ない。大事なのは、正しい材料、料理人の正しい心構え、それを見極めること、それだけです。

しかし、それだけのことを分かるために、どれだけあちこち回り道をしなければならなかったことか。その結果が、私の連れ合いによる破滅的な財政状況報告、となったわけです。

私は考えた、「食べもので失った金は食べもののことを書いて取り返すべきではないか」

そこで、書いてみたのが『美味しんぼ』の初稿でした。しかし、書いてみたものの、こんなものが漫画になるとは思えず、ずっと机の引き出しにしまいっ放しにしていました。

そうこうするうちに、花咲アキラさんとの出会いがあって『美味しんぼ』は陽の目を見ることになったのです。

花咲アキラさんのお力で、『美味しんぼ』は思いもよらず読者諸姉諸兄のご愛顧を頂くことになって私は大変幸せです。

でもね、趣味を仕事にしてはいけない。これは辛い真実です。私が『美味しんぼ』を書いているばかりに、得たこと失ったこと、その両方について別の機会に書くことをお約束して、あとがきにかえさせていただきます。

美《お》味《い》しんぼ

を

もっと知りたい人のための
単行本ガイド

1
豆腐と水

2
幻の魚

3
炭火の魔力

4
食卓の広がり

5
青竹の香り

6
牛肉の力

7
大地の赤

8
飲茶

9
再会の丼

10
キムチの精神

11
香港味勝負

12
黄金の意味

13
激闘鯨合戦

14
母なるりんご

15
究極vs至高

16
五十年目の味覚

17
エイと鮫

18
生肉勝負!!

19
食は三代？

20
蒸し焼き勝負

21

穏やかな御馳走

22

韓国食試合

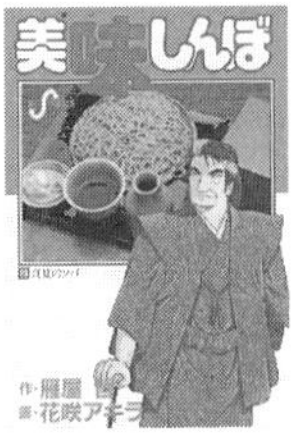

23

真夏のソバ

24

カレー勝負

25

対決!! スパゲッティ

26

菓子対決!!

27

究極の披露宴

28

長寿料理対決!!

29

美味しい暗号

30

鮭勝負!!

31

鍋対決!!

32

新・豆腐勝負

33

魅惑の大陸

34

サラダ勝負

35

おかず対決

36

日米コメ戦争

37

激突アボリジニー料理!!

38

ラーメン戦争

39

長良川を救え!!

40

オーストラリアン・ドリーム

41

おせち対決

42

愛ある朝食

43

過去との訣別…山岡、プロポーズ

44

熱闘!クイーンズランド

45

和解の料理

46

究極の新居

47

結婚披露宴

48

団欒の食卓

49

タイ米の味

50

黒いマスコミ王

51

疑わしい日

52

究極のメニュー対金上

53

心の味

54

日本酒の実力

55

まり子の晩餐会

56

恋のキリタンポ

57

新聞戦争

58

いじめを許すな!

59

対決再開!オーストラリア

60

水対決

61

よくぞ日本人に生まれけり

62

低予算披露宴対決!

63

東西新聞の危機

64

ご飯の炊き方大論争!!

65

オーストラリアの危機

66

究極の紅茶

67

真の国際化企画

68

父と子

69

野菜が危うい

70

スコッチウイスキーの真価

71

日本全県味巡り 大分編

72

料理の勘

73

チーズ対決!!

74

恍惚のワイン

75

日本全県味巡り 宮城編&双子誕生!!

76

雄山の危機!?

77

日本全県味巡り 大阪編

78

ワイン大作戦!?

79

試練の鯛料理

80

日本全県味巡り 山梨編

85

坦々麺のルーツと元祖

84

日本全県味巡り・富山編

83

最高の豚肉

82

おむすび対決

81

イタリア対決

マイファーストビッグブックス

［美味しんぼ］をもっと美味しくする特別講義

美《お》味《い》しんぼ
塾

2001年5月10日　初版　第一刷発行
2003年8月10日　　　　第七刷発行

【著者】
雁屋　哲
©Tetsu Kariya 2001

【発行者】
片寄　聰

【印刷所】

凸版印刷株式会社

【発行所】
株式会社 小学館
〒101-8001 東京都千代田区一ツ橋2-3-1
［振替］00180-1-200
［電話］編集 03(3230)5361 販売 03(5281)3555 制作 03(3230)5333

◆造本には十分注意しておりますが、
落丁·乱丁（本のページの抜け落ちや順序の間違い）の場合はお取り替えいたします。

購入された書店名を明記して「制作局」あてにお送りください。

送料小社負担にて、お取り替えいたします。制作局（TEL 0120-336-082）
◆本書の一部あるいは全部を無断で複製·転載·上演·放送等をすることは、
法律で認められた場合を除き、著作者および出版者の権利の侵害となります。
あらかじめ小社あて許諾をお求めください。
Ⓡ〈日本複写権センター委託出版物〉本書の一部または全部を無断で複写（コピー）することは、
著作権法上での例外を除き禁じられています。複写を希望される場合は、
日本複写権センター（TEL 03-3401-2382）にご連絡ください。

［検印廃止］
ISBN4-09-359381-7

Printed in Japan